Fernando Pessoa

Vida e obras de Alberto Caeiro

Fernando Pessoa

Vida e obras de Alberto Caeiro

EDIÇÃO **TERESA RITA LOPES**

global
editora

ITINERÁRIO – ÍNDICE GERAL

APÊNDICE

ANEXOS

PREÂMBULO DE TERESA RITA LOPES

A incompreensão reinante da obra de Pessoa, apesar da sua notoriedade, vem sobretudo de que é lida só pelo que ali está diante dos nossos olhos, sem atender ao todo em que palpita vida, como organismo vivo que é. Pessoa gostava de citar Aristóteles: «O poema é um animal». E o mesmo direi de toda a sua obra, em que cada órgão interage com todos os outros.

Imaginem quantos milhares de milhões de poetas não têm vazado os seus sentimentos e emoções em montanhas de versos, posterior entulho no girante planeta em que aconteceram. A obra de qualquer criador só sobrevive à sua circunstância quando tem a inteireza orgânica da pessoana. Não é por ter tido centenas de «heterónimos» que Pessoa é diferente (como alguns querem fazer crer, sempre a acrescentar novos nomes à lista), mas por ter sido um ser excepcional, em que o saber longa e incansavelmente adquirido se aliou à natural intuição a que chamava génio (preço, achava ele, da sua gémea loucura).

Como qualquer outro génio dos que fazem avançar o conhecimento humano, Galileu ou Einstein, Pessoa foi, desde tenra idade, um estudioso compulsivo em todos os domínios do saber. Como esperar que ele seja entendido por ignaros comentadores, seduzidos pela voga pessoana, ou por exegetas carrilados em consagrados chavões, seguindo rotas preestabelecidas, pseudocientíficas?!

No regresso a Portugal, o jovem Pessoa impôs-se a obrigação de ler todos os dias filósofos e poetas, com a declarada intenção de compensar, com a leitura destes, a tendência daqueles a sistematizar o pensamento e a eleger os seus sistemas como verdade única – atitude dogmática que toda a vida combateu. Ao conhecimento das Humanidades, longamente praticado no excelente liceu de Durban, com prestigiados mestres ingleses, acrescentou Pessoa, como autodidacta, tudo o que no regresso a Portugal, com 17 anos, se impôs adquirir, frequentando regularmente a Biblioteca Nacional e a da Academia das Ciências, sobretudo. Além disso, conseguia manter-se a par do que se ia editando no Ocidente, sobretudo em França e na Inglaterra, adquirindo, com seus parcos haveres, todos os livros que podia, como mostra a sua biblioteca, hoje na Casa Pessoa (onde faltam algumas obras que vendeu depois de as ter lido, para poder comprar outras).

Há muito que venho dizendo que não se pode ler Pessoa como se lê poesia ou prosa de outro qualquer escritor, que os seus textos só serão totalmente entendidos, e assim fruídos, se inseridos no amplo romance-drama (como lhe venho chamando) que é a obra pessoana: cada autor como uma ficção e, todos juntos, como outra ainda, a mais completa. Ler, sem mais, avulsamente, um texto pessoano, ou de qualquer um dos seus «outros», pode proporcionar o mesmo gosto que experimentaríamos se não conhecêssemos nada de Shakespeare e lêssemos, numa folha solta, a fala de uma das suas personagens. Mas para amplamente fruirmos o que lemos, com sensibilidade e inteligência, teremos que inserir esse texto no romance-drama a que pertence, e no jogo dramático das suas personagens.

Agora que acabo de dar, pela segunda ou terceira vez, a volta ao planeta Pessoa, disposta a deixar em obras consultáveis o Pessoa que entrevi durante o convívio de uma vida, permito-me alguns «palpites» para esse pleno alcance:

– entender de que magma de conhecimentos surgiu o texto em curso;

– ter também a inteligência do projecto em que cada texto está inserido, lembrando que Pessoa era orientado pelo ideal de ser um «criador de civilização», inspirador desses planos.

No caso da obra de Caeiro, importa levar sempre em conta que este autor-personagem foi encarregado de um projecto civilizacional grandioso: participar na reconstrução do «Novo Paganismo», também chamado «Neopaganismo», «Paganismo Superior» e até «Transcendental» – uma «Nova Renascença», não só para Portugal mas para todo o Ocidente adoecido pelo Cristismo (como lhe chamavam os neopagãos pessoanos). Essa «cura» estendia-se a Pessoa, a Campos e a todos «os doentes» (assim apelidados no terceiro «esquema» apresentado, texto nº 9 de Anexos, p. 241): os Saudosistas, em cujas hostes Pessoa começou por ingressar, como colaborador da *Águia*, e também os Interseccionistas e Sensacionistas, seguidores dos ismos lançados por ele e por Mário de Sá-Carneiro – de que *Orpheu* é palco.

Lembremos que o Novo Paganismo se alicerçava não apenas numa filosofia mas também numa estética e numa ética. Pessoa e os outros teóricos do Neopaganismo, Ricardo Reis e António Mora, fizeram, contudo, questão de tomar distância de outros movimentos contemporâneos e de todos os autores que então se reclamavam do Paganismo, evidenciando a sua originalidade. Há que levar em conta, antes de mais, que Pessoa cedo decidiu ser um «criador de civilização» – disse também «de cultura». E isso já em Durban, quando descobriu que aquela gente nada sabia de Portugal, e até nos confundia com a Espanha: começou, então, a traduzir *Os Lusíadas* para inglês e a fazer um ensaio para dar a conhecer Vasco da Gama aos seus conterrâneos, que desconheciam dever-lhe a descoberta daquelas terras e até o nome da província Natal (precisamente por ele lá ter aportado nesse dia).

Vem dessa época o «nacionalismo místico» que Pessoa se auto-atribuiu, em 1915, numa carta ao amigo dos tempos de *Orpheu*, Armando Côrtes-Rodrigues. Ao chegar a Portugal, esse sentido de missão agudizou-se. A sua avidez de conhecer conduziu-o a uma ciência emergente, a sociologia, em que se quis especializar. Escrevia a esse nomeado amigo que, nos últimos tempos, só fizera «sociologia e desassossego». E o Espólio (pessoano) está repleto de textos encimados pela designação: «Sociologia», «Sociologia Política» e também «Sociologia Literária». Não esquecer que, simultaneamente, devorava livros sobre religiões – todas. E história também. E ciências, ocultas e a descoberto, consagradas e emergentes, como a sociologia e as ciências da psique: psiquiatria e, já então, psicanálise.

O Cristianismo, assim como o Judaísmo, foram objecto do seu atento estudo e vasta reflexão escrita, não só em seu próprio nome mas também com a assinatura do teórico, em prosa, do Neopaganismo: o filósofo e sociólogo (à semelhança do seu criador) António Mora.

O judeu que interiormente assumiu ser, no seu regresso a Portugal, em contacto com a família judia de Tavira, de judeus não baptizados, maçons e republicanos, também deve ter contribuído para a porfiada «cruzada» de toda a sua vida contra a Igreja de Roma (como lhe chamava).

Perante a Decadência característica da sua época, assim por ele diagnosticada, o jovem Pessoa reagiu de duas opostas maneiras:

1ª: decidindo assumi-la, artisticamente, requintá-la, à maneira dos Decadentistas franceses – todo o seu primeiro *Livro do Desassossego* é disso exemplo, assim como a maior parte dos poemas e prosas poéticas dos colaboradores de *Orpheu*. E também o primeiro Álvaro de Campos, o de «Opiário» (composto já depois da futurista «Ode Triunfal» – para mostrar como era Campos antes de se tornar discípulo de Caeiro, disse ele, e, acrescento eu, da sua poesia moderna, livre da métrica e da rima);

2ª: opondo-se-lhe, procurando a sua causa, o Cristianismo, dito por ele Cristismo, e combatendo-a de dois diferentes modos: enxotando-a histericamente, com a moderna escola futurista no horizonte, à maneira de Campos, virado episodicamente para o futuro, ou voltando-se duradouramente para o passado helénico, propondo uma repaganização do Ocidente. Pessoa escreveu que se tinha livrado da influência do Decadentismo lendo *La Dégénérescence*, de Max Nordau, e fazendo ginástica sueca. O Futurismo funcionou episodicamente como esse vigoroso estímulo. Foi assim que, ao mesmo tempo que deu vida aos dois sucessivos Campos, o Poeta Decadente e o Futurista autor das «grandes Odes» (por ele, mais tarde, assim chamadas), Pessoa se dedicou de corpo e alma a essa religião de faz-de-conta, o Novo Paganismo («metafísica recreativa» tornada «religião individual», como escreveu), destinada a combater o Cristismo.

Curiosamente, o Sensacionismo de Campos alinhou temporariamente com este novo ismo, o Neopaganismo. (Veja-se o segundo esquema, «O Regresso dos Deuses», de que a obra «Acessórios», de Campos, seria a terceira parte.) A sua avidez por «sentir tudo de todas as maneiras», «ser toda a gente e toda a parte», predispunha-o a aceitar a proposta repaganização do Ocidente. O objectivo deste novo ismo é declaradamente aceitar «todos os protestantismos, todos os credos orientais, todos os paganismos mortos e vivos – fundindo-os portuguesmente no Paganismo Superior».[1]

Este Paganismo não era apenas uma nova escola literária, como o Paulismo e Intersseccionismo concebidos por Pessoa e Sá-Carneiro: tinha um ideal que Pessoa enunciou nestes termos: «Criar em Portugal o sentimento de uma missão civilizadora».[2]

1 Espólio n.º 3 da B.N: 55J – 4
2 *Idem* 55H-81.

Por isso, o Paulismo e Interseccionismo passaram rapidamente – por não passarem de escolas de herança decadentista, desafios passageiros como o Futurismo, enquanto o Neopaganismo ainda dava nome, dez anos mais tarde, à revista *Athena*. Até lá, foi este ideal (que era mais que um ismo) inspirando grandiosos projectos ao «criador de cultura» que Pessoa sempre disse querer ser. À pergunta que se fazia: «Quem somos actualmente?», respondia Pessoa com os seus projectos para uma «Nova Renascença», assim chamada por ele e pelos seus neopagãos.

Fui convocada, durante o ano de 2015, para algumas das muitas comemorações do centenário de *Orpheu*, em que inevitavelmente se remastigaram ideias feitas (e em grande parte erradas) sobre a consagrada revista, palco dos ismos da juvenil aventura estética que Pessoa empreendeu com Sá-Carneiro. Claro que é sempre interessante analisá-los, a eles e aos seus cultores e à sua circunstância, mas sem perder de vista que os criadores que a ela sobreviveram, culturalmente falando, o devem ao individual talento que desses ismos transborda. Uma reflexão a propósito: é-nos penoso, por vezes, levar a cabo muitos textos do primeiro *Livro do Desassossego* pelo excessivo tributo pago pelo seu autor ao Decadentismo, mas o mesmo nunca sucede com os poemas de Caeiro e Reis, absolutamente seus contemporâneos. Impõe-se recordar que aos ismos de *Orpheu*, inseridos por Pessoa na designação global de Escola Sensacionista (que apresentou, num artigo, na revista *Exílio*, de 1916), se opôs frontalmente um novo ismo, o Novo Paganismo, para que Pessoa imaginou uns contemporâneos «cadernos de reacção pagã», que já encarava baptizar com o título que só dez anos depois usaria, *Athena*. Se tivessem aparecido, imagino que não teriam sido apreciados nem compreendidos mas relativizariam *Orpheu*, opondo-se-lhe, com a mesma interacção dramática que Ricardo Reis sempre manteve com Álvaro de Campos, em verso e prosa – e entenderíamos melhor tanto *Orpheu* como o Neopaganismo.

Impõe-se, pois, saber que Alberto Caeiro, o metafórico Guardador de Rebanhos ficcionado como um quase iletrado, é fruto do longo estudo que Pessoa prosseguiu desde o seu regresso a Portugal, não só em convívio quotidiano com numerosos filósofos (o que, aliás, já vinha fazendo em Durban) mas com obras dessa disciplina emergente, a sociologia, em que porfiou ser especialista. Num documento com data de 1910, quando ainda só quase escrevia em inglês, Pessoa iniciou uma obra longamente prosseguida, posteriormente em português, «História de uma Ditadura», fruto precisamente do seu labor como sociólogo: tentou contar a história da longa doença que atacara o Ocidente desde a instalação do Cristismo, fruto ele próprio de três decadências – frisou ele: da Grécia, de Roma e do Judaísmo.

Essa obra foi simultânea de outras duas, enunciadas como «Bases para uma constituição republicana» e «Ieschú ben Pandira» (hesita, às vezes, em qual delas deve incluir os escritos, que, nesse âmbito, vai produzindo); nesta última, nega, à luz do Talmude, que longamente estudou, a existência histórica de Jesus.

O que Pessoa pretendia não era negar o direito à existência de Cristo como Deus: aceitava-o mas apenas como um entre os muitos deuses pagãos – Reis claramente o disse num poema. Através dos referidos textos em prosa, Pessoa e os seus correligionários neopagãos pretendem mostrar que a ditadura da «Igreja de Roma só tem criado, ao longo da história, intolerância e fanatismo, dando como principal exemplo a abominada Inquisição. (É claro que a sua ascendência judaica tornava visceral essa aversão.)

À luz desses textos sociológicos, Pessoa diagnosticava no imaginário português «neopaganismo puro»: segundo ele, o povo não cultua Cristo mas Santo António, São João e São Pedro – e essa a razão para, no ano da sua morte, lhes dedicar três longos e expressivos poemas, intitulando o tríptico: «Praça da Figueira».

Impõe-se, pois, para plenamente apreciar as suas obras, entender o que Alberto Caeiro e Ricardo Reis representam: traves mestras dessa ficção com alcance civilizacional que o Novo Paganismo nasceu para ser.

Com todo o respeito que sempre tenho manifestado pelo trabalho alheio, quando autêntico estudo, constato que o que tem sido escrito sobre Caeiro e Reis me sabe a pouco e, às vezes, a errado, assim como a forma como os seus poemas têm sido apresentados: como vulgares livros de versos. A obra de Pessoa é sempre fruto de um prosseguido estudo e de uma genial inteligência: mesmo a poesia tem que ser entendida, e só assim fruída, penetrando o fundo pensamento que lhe subjaz e o projecto em que está inserida. O opúsculo que Ricardo Reis se pôs a escrever, iniciado como prefácio à obra de Caeiro, visava fornecer esse entendimento, traçando a trajectória do adoecimento, pelo «Cristismo», da civilização ocidental e propondo a sua cura.

O impulso messiânico sempre latente, quando não presente, em Pessoa, está na origem do seu «nacionalismo místico» (por ele assim chamado), exacerbado no regresso a Portugal, face à decadência desse país, outrora de «navegadores e criadores de impérios»[3], como então escreveu, que imediatamente projectou fazer erguer-se de novo, investido do que chamou «um mandato subjectivo»[4]. E o caminho para isso seria a sua «repaganização». Essa a razão pela qual o projecto de uma revista *Athena* é contemporâneo do de *Orpheu*, e o Novo Paganismo é perfeitamente paralelo ao de todos os ismos desse tempo.

Clarifico, não receando repetir-me: para entender a poesia de Caeiro e Reis impõe-se integrá-las no projecto do Neopaganismo e dos seus cultores: Ricardo Reis, o poeta seu representante assumido, Alberto Caeiro, a sua «consubstanciação», segundo declaração de Pessoa (o próprio recusava o epíteto de poeta) e António Mora, o seu teórico em prosa (designado sociólogo e filósofo, e como tal se manifestando nos seus escritos).

Como Pessoa (na sua própria pessoa), Ricardo Reis e António Mora longamente explanam nas suas prosas, impunha-se, para curar o Ocidente, vítima da ditadu-

---

3 Teresa Rita Lopes, *Pessoa por Conhecer*, edição citada, volume I, p.60.
4 *Ibidem*, p.59.

ra cristista desde a queda do Paganismo, ressuscitar o espírito que animou a nossa *Graecia Mater* assim chamada (Pessoa lembrava que Lisboa e Atenas ficam à mesma latitude), o seu culto da beleza, da ciência, do «livre exame». Propunham, Reis e Mora, uma «Nova Renascença», que continuasse o impulso dessa outra Renascença que acordara o Ocidente das trevas da Idade Média, em que a todo-poderosa Igreja Católica tiranicamente a mergulhara durante séculos (por isso a obra «História de uma Ditadura»). E é claro que Pessoa tinha também presente o movimento «Renascença», de que era órgão a revista *Águia,* liderado por Pascoais, em que se estreara no mundo das letras, mas de que, em 1914, data do «parto heteronímico», tomara criticamente distância. Numa carta de 15-9-1912 (que encontrei na «arca», em casa da família), Pascoais regozija-se com o propósito de Pessoa de escrever um panfleto em defesa da Renascença, que diz centrada em torno da saudade, «a virgem do nosso panteísmo espiritual» – «riqueza criada pela nossa alma lusíada que principia a revelar-se» – designando o Saudosismo como «uma nova religião, nova arte, nova filosofia». E vincando que é uma mistura de «paganismo e cristianismo». Refere ainda uma recente cisão entre «os do Norte e do Sul»: a esta última facção, chefiada por Raul Proença, que apelida de «intelectualista e até cosmopolita», ele – do Norte! – opõe-se, naturalmente.

No já mencionado esquema publicado no final deste livro, Pessoa apresenta o Neopaganismo como reacção e, mesmo, cura dos «doentes» que indica: o Saudosismo, de Pascoais, emparceirado com os seus dois ismos, cultivados com Sá-Carneiro, Intersecionismo e Sensacionismo!

Pela pena de Reis, propõe: «Busquemos o que em todas as renascenças dos povos é constante – É a literatura. Eis, portanto, o verdadeiro critério sociológico». E acrescentava ainda, neste artigo (inédito?), que preparou com o título encorajante «*Sursum Corda*»: «Os povos valem pelo que deixam: o nome na história e na literatura. Outra grandeza não há.».[5] O que o Novo Paganismo se propunha criar era não só essa «renascença» mas também um indelével marco «na história e na literatura». (Louca megalomania? – «louco, sim, louco porque quis grandeza» – dizia ele de D.Sebastião…)

Por tudo isto é que não nos devemos admirar de ouvir Reis exclamar, no meio de elucubrações e exortações em prol do Novo Paganismo: «O Quinto Império! O regresso de D. Sebastião!»[6]. O messianismo pessoano de sempre tinha como messias essa mítica figura que – explicou – era pura metáfora. Que o Salvador se chamasse Sebastião ou Caeiro para ele era tudo a mesma ficção! (Isto já sou eu que digo…)

É necessário constatar que a «missão civilizadora» que o jovem Pessoa se impôs desde os tempos de *Orpheu,* com plena expressão no Neopaganismo, conduziu a mais dois ismos: o Atlantismo, a que associava as outras nações da Ibéria (mencionava a Espanha e a Catalunha) e o Sebastianismo. Quanto ao primeiro,

5 55A-9.
6 55 I-100.

constatemos que, na medida em que o Quinto Império por que pugnava seria espiritual e não material, declarava (já então!) «a inutilidade e malefício das nossas colónias».[7] Mas a grandeza a reconquistar seria ibérica, de novo através do Atlântico (por isso o Atlantismo). Sublinhe-se que esse denominado «imperialismo espiritual»[8] não visava conquistas materiais, apenas culturais.

Sonhou mesmo com um «Grémio da Cultura Portuguesa» que seria, decladamente, neopagão – e isto já depois de 1918 (como atesta o papel timbrado, de F.A. Pessoa que usava para registar esses «sonhos»). Esse «Grémio» tinha o amplo alcance de fazer «a propaganda cultural de Portugal, tanto no sentido culto como no sentido comercial».

Não é de espantar que começasse a falar de D. Sebastião neste contexto, já que queria, confessadamente, fundar uma nova religião «sem Deus» a opor à católica: «metafísica recreativa» para o escol, religião mesmo para o povo, que a não dispensa – dizia ele. O que queria era «substituir o misticismo religioso pelo misticismo de raça».[9] Proporá mesmo: «Troquemos Fátima por Trancoso!» (terra do sapateiro profeta do Quinto Império, Bandarra). Caeiro, aparece, de facto, como o Mestre de uma doutrina nova: por isso a edição do seu livro recebeu de Pessoa a indicação destinada a forjar a ficção do novo Messias: de que dele seria feita uma «tiragem limitada a 100 exemplares, "fora do mercado", destinados a ser distribuidos grátis nas ruas».[10]

Esta minha longa introdução – que se me afigura indispensável – visa inserir os «livros» de Caeiro e Reis na ficção-mãe do Neopaganismo: por isso, o nome que faço assinar a *Vida e Obras de Alberto Caeiro* é o de Fernando Pessoa – autor desse romance-drama e dos outros que se vão seguir: «Vida e Obras de Ricardo Reis» e, depois, «Vida e Obras de Álvaro de Campos».[11]

Pessoa escreveu que tencionava publicar os livros dos seus heterónimos como verdadeiras peças de ficção: com a biografia de cada um, acompanhada pelo seu horóscopo (a biografia a que os astros o haviam predestinado) e até por fotografias. Por isso não podemos usar o nome desses «outros» como máscaras através das quais o autor oculte o seu próprio nome. São personagens de uma ficção, contada em verso e prosa por Pessoa: consequentemente o nome do seu autor tem que encimar esse romance-drama. Assim fiz, contrariando a actual prática. Pessoa afirmou, pela boca de Reis: «Somos contos contando contos»... É que ele próprio se sentia contado por esse alguém que, através desses contos, tentava incansavelmente vislumbrar...

A biografia de Caeiro foi contada a várias vozes: por Pessoa, na célebre carta a Adolfo Casais Monteiro, também pelos outros dois heterónimos, Campos e Reis, e até pelo próprio Caeiro, nos seus poemas. No dizer de Pessoa: «Caeiro nasceu em

---

7 55I-32^{r}.
8 *Ibidem*, num «Manifesto»: esboçado.
9 55L-43^{r}.
10 *Pessoa por Conhecer*, vol. III, p.364 e aqui, p.23.
11 Assim figura, no Espólio, o projecto de edição da obra de Campos, numa lista de planos (5-83).

Lisboa mas viveu quase toda a sua vida no campo»; «morreram-lhe cedo o pai e a mãe» e, por isso, «vivia com uma tia velha, tia-avó»; «não teve mais educação que quase nenhuma, só a instrução primária». Pessoa invejou-lhe seguramente a sorte de não ter sido obrigado, como ele, à escravatura de um ganha-pão: «Deixou-se ficar em casa, vivendo de uns pequenos rendimentos». E acentua, na sua narrativa: «Pus em Caeiro todo o meu poder de despersonalização dramática».

Ricardo Reis disse dele o que Pessoa escrevera sobre Sá-Carneiro, depois da sua morte: «A vida de Caeiro não pode narrar-se, pois que não há nela de que narrar. Seus poemas são o que houve nele de vida. Em tudo o mais não houve incidentes nem há história.». Com o mesmo desdém manifestado por Campos pelo seu episódio amoroso, escreveu: «O mesmo breve episódio, improfícuo e absurdo, que deu origem aos poemas de «O Pastor Amoroso» não foi um incidente, senão, por assim dizer, um esquecimento».

Campos escreveu, já nos anos 30, uma longa narrativa a que pensou dar forma de livro: «Notas para a recordação do meu Mestre Caeiro»,[12] em que longamente o evoca. E, tal como Reis, invoca-o, por assim dizer, num poema: «Mestre, meu mestre querido»,[13] em que o apresenta como «Espírito humano da terra materna». É, de facto, assim que ele nos aparece: como uma presença, cumulativamente feminina, divina e infantil (a da «Eterna Criança», do poema VIII do «Guardador de Rebanhos»). Campos lembra-o nestes termos: «Vejo diante de mim, e vê-lo-ei talvez eternamente como primeiro o vi. Primeiro os olhos azuis de criança que não tem medo». E diz da «expressão da boca» que «era a de um sorriso como o que se atribui em verso às coisas inanimadas belas, só porque nos agradam, flores, campos largos, águas com sol – um sorriso de existir e não de nos falar.» E ouvimos a voz de Caeiro concordar com um dos seus versos: «Basta existir para se ser completo». E ainda, com o tal sorriso: «A espantosa realidade das coisas / É a minha descoberta de todos os dias.». E auto-retratando-se: «O meu olhar azul como o céu / É calmo como a água ao sol. / É assim, azul e calmo, / Porque não interroga nem se espanta.». Num dos seus numerosos auto-epitáfios, escreve: «Nunca fui senão uma criança que brincava. / Fui gentio como o sol e a água / de uma religião universal que só os homens não têm.».

Os três «livros», assim por Pessoa chamados, que compõem a sua obra – «O Guardador de Rebanhos», «O Pastor Amoroso» e «Andaime – Poemas Inconjuntos» – dão notícia dessa vida sem acontecimentos, excepto a «doença» do episódio amoroso: o segundo livro, aqui composto por nove poemas. Também o terceiro livro, «Andaime – Poemas Inconjuntos», segue, como um diário, a evolução de uma doença, neste caso a tuberculose que o vitimou. Chamou-lhe primitivamente «Andaime» e começou, posteriormente, a apelidá-lo de «Poemas Inconjuntos» (usei o primeiro

12 Assim o publiquei: Lisboa, Editorial Estampa, 1997; *Notes en souvenir de mon maître Caeiro*, Paris, ed. Fischbacher, 1996.

13 *Poesia*, edição Teresa Rita Lopes, Lisboa, Assírio & Alvim, 2015, p.337.

título como tal e o segundo como subtítulo). Como ele próprio faz notar, este «livro» perdeu a solar serenidade que irradia dos poemas do «Guardador de Rebanhos», e até descai na pecha pessoana de formular perguntas a que não sabe dar resposta: «Mas porque me interrogo senão porque estou doente?».

Dá que pensar esta divisão em três «livros» operada por Pessoa, curiosamente simétrica à dos três Livros do Desassossego. (A este respeito me manifestei no prefácio da recente edição desta obra.[14])

Não respeitar esta ficção e o seu desenrolar, como acontece com a Edição Crítica de Ivo Castro – que nem obedece à ordem expressa, em inglês, por Pessoa, «last poem», e, em português, já no corpo do poema: «ditado pelo poeta no dia da sua morte» – é como publicar um romance baralhando-lhe as páginas e a sequência dos acontecimentos. (IC nem sequer poderia avançar com a eventual justificação de ter seguido a ordem cronológica das datas reais, que não coincidem com as fictícias, do romance-drama, porque, de facto, as mistura todas nos «Poemas Inconjuntos».)

Para refazer a ficção da «vida e obras de Caeiro» impõe-se levar em consideração as datas fictícias, que têm induzido em erro vários exegetas. Além das datas que fornece para nascimento e morte de Caeiro (1889-1915), Pessoa indica[15] as forjadas datas 1910-1912, para os poemas do «livro» «O Guardador de Rebanhos» e 1908-1915 para os «Poemas Inconjuntos».

O poema VIII do «Guardador de Rebanhos», publicado em 1931, na revista *presença* (nº 30), é, confessadamente, um «sonho» que teve («como uma fotografia»), revelador, profético mesmo, como esses sonhos assim chamados do profeta do Sebastianismo, o sapateiro Bandarra, e os do Padre António Vieira, (que Pessoa dizia já pertencer à categoria dos anjos), encarregado, ele também, de uma missão messiânica. Este poema não é mera blasfémia, como é lida por alguns (Pessoa não o publicou em *Athena* – escreveu – porque Ruy Vaz, seu co-director, era católico). Bem lido, revela-nos a boa-nova anunciada por Caeiro, profeta de uma «religião velha, metafísica nova» (expressão de Reis), representada por essa «Criança Nova», «a Eterna Criança, o deus que faltava» – que «fugiu do céu», onde «tudo é estúpido como a Igreja Católica», para mostrar como tem que ser «o Menino Jesus verdadeiro»: «o divino que sorri e brinca», «limpa o nariz ao braço direito, / Chapinha nas poças de água» e até levanta as saias às raparigas! Mas esta «criança tão humana que é divina» existe apenas dentro do Poeta, não para ser posta em altar nenhum («é porque ele anda sempre comigo que sou poeta sempre») e afasta-o da tentação de dizer, como Pessoa, que «nada vale a pena», ensinando-lhe «que tudo vale a pena». Por ele influenciado, Pessoa acrescentará em *Mensagem*: «Se a alma não é pequena»!

Os preceitos enunciados por Caeiro (que sempre recusou ser não só poeta como filósofo e não tinha a mínima pretensão de ser fundador de uma nova religião)

14 Fernando Pessoa, *Livro(s) do Desassossego*, edição de Teresa Rita Lopes, S. Paulo, Global Editora, 2015, p. 21.
15 51-34[av].

podem sintetizar-se neste seu verso: «ser é estar em um ponto». Com ele responde à ansiedade nuclear de toda a obra pessoana: a oposição entre ser e estar que a «opulenta língua portuguesa» (Pessoa *dixit*) ostenta. Caeiro quer fazer coincidir os dois verbos, recusando-se a incluir «no seu esquema», como diz, o tempo e o espaço que «estar» introduz. Diz que «quer ver, apenas ver» tudo o que existe, como se fosse eterno. Essa a sua maneira de negar a morte – angústia de Pessoa nunca apaziguada –, arte que Caeiro tentou ensinar: a de morrer como as plantas, reentrando no ciclo da seiva.

É que a terapia proposta por Caeiro para tratar o Ocidente adoecido pelo Cristismo era não só civilizacional mas também pessoal: Pessoa era o principal «doente» em busca de cura. Caeiro não só o tentava libertar do pavor da morte como também se prestou a morrer em seu lugar, com 26 anos, da doença cuja sombra ameaçadora sempre pairou sobre ele – a tuberculose que lhe vitimou o pai, um irmãozinho e outros familiares. Curiosamente, Pessoa também fez morrer jovem, do mesmo mal, Vicente Guedes, o primeiro autor do *Livro(s) do Desassossego*.

Como Mestre do Neopaganismo, Caeiro veio opor-se não só aos princípios orientadores do Cristianismo mas às maleitas da alma do seu criador Pessoa. Os ismos que este se aplicou a criar com Mário de Sá-Carneiro, apelidados inicialmente Paulismo e Intersecionismo, na senda do Simbolismo, tinham como lema expresso «encontrar em tudo um além». Essa também a visão cristã, tendente a projectar tudo o que existe nesse Além que lhe dará sentido. Caeiro insurgiu-se em verso contra as dicotomias «crististas»: corpo-alma, mal-bem, matéria-espírito, tentando operar o corpo desse fantasma, a alma, que a faz extravasar do seu natural limite. Por isso Ricardo Reis lhe chama «cirurgião». As obsessivas tautologias que caracterizam a linguagem de Caeiro têm esse objectivo: manter as coisas dentro dos seus reais contornos: «O que nós vemos das cousas são as cousas», insiste no poema XXIV do GR. «As cousas não têm significação, têm existência» prega no poema XXXIX. Por isso afirma que o lado de fora é que é real e verdadeiro, «A Natureza não tem dentro», e que «o único sentido oculto das cousas é elas não terem sentido oculto nenhum». Outra das suas frequentes tautologias, «cada cousa é o que é», corresponde à central preocupação de fazer coincidir o ser com o estar: cada cousa não é, como ensina o cristianismo, um símbolo de Deus, não tem «sentido oculto nenhum», não significa, existe. Num poema de Caeiro que Pessoa, depois de composto, recusou, escrevendo por cima «Não» (depois de reflectir, imagino, que, contrariamente a Reis, o Mestre não acreditava nos deuses), admite que «Talvez haja entes / em que as duas cousas [corpo e alma] coincidam / E tenham o mesmo tamanho, / e que estes entes serão os deuses, / que existem porque assim é que completamente se existe, / Que não morrem porque são iguais a si mesmos, / Que podem muito porque não têm divisão entre quem são e quem são [...].».[16] Usando uma das suas habituais tautologi-

16 Poema 57, dos «Inconjuntos».

as, Caeiro remete para a permanente oposição pessoana entre ser e estar, tentando fazer coincidir esses aparentes contrários.

Noutro poema[17] que também contraria a sua assumida não crença nos deuses, significativamente dedicado a Ricardo Reis, Caeiro afirma, no seguimento do poema anterior, que a alma «nos deuses tem o mesmo tamanho / E o mesmo espaço que o corpo / E é a mesma cousa que o corpo. / Por isso se diz que os deuses nunca morrem. / Por isso os deuses não têm corpo e alma / Mas só corpo e são perfeitos. / O corpo é que lhes é alma / E têm a consciência na própria carne divina.».

Num dos seus prefácios, o primeiro aqui apresentado, Ricardo Reis evoca Caeiro como o «grande Libertador que nos restituiu, cantando, ao nada luminoso que somos». Aceitar como natural a ideia do nada absoluto, que a inteligência repele com horror, como Pessoa afirma, é inestimável qualidade que elogia em Caeiro, também por ele considerado «grande Libertador» a nível civilizacional: «da maior das doenças da história» – o Cristismo, claro.

Curiosamente, Caeiro foi o único a «fingir» o amor que Pessoa deveras sentiu, através dos poemas do «Pastor Amoroso»! O amor e também o desamor: o último poema, que marca o fim do episódio amoroso, em que diz sentir «mas com dor, uma liberdade no peito», é perfeitamente contemporâneo da separação da namorada Ofélia. É que Pessoa foi escrevendo através dos seus «outros» o diário íntimo que não teve paciência para manter na sua própria pessoa...

O lugar que Caeiro reivindica para si é, não o de um deus, mas o de «uma nova espécie de santo» (como afirma no poema n.º 2 dos «Inconjuntos») – semelhantemente ao dos nossos santos populares António, João e Pedro, por Pessoa celebrados, que diz corresponderem a deuses pagãos, no imaginário português.

No prefácio aqui apresentado, Ricardo Reis atribui a Caeiro «uma intuição sobre-humana, como aquelas que fundam religiões para sempre, mas a que não assenta o título de religiosa». Caeiro foi criado, de facto, como figura central – profeta ou deus pagão – da «metafísica recreativa» que essa religião de faz-de-conta foi feita ser. Mas atenção! Caeiro recusou sempre o epíteto de filósofo, apesar das suas – às vezes – longas, especulações filosóficas. Pessoa afirmou, por sua vez, que não era um filósofo exprimindo-se em verso mas tão-só «um poeta fecundado pela filosofia» (em inglês: «animated by...») e ainda, noutra passagem, «um filósofo à grega».

Impõe-se referir outra essencial novidade que Caeiro veio trazer ao universo pessoano: a de ser um poeta moderno, pondo em causa e até metendo a ridículo os poetas da Renascença, capitaneados por Pascoais e Junqueiro (veja-se a «Entrevista» aqui transcrita no final, em «Caeiro citado em prosa»), em cujas fileiras Pessoa anteriormente ingressara. É preciso lembrar que Caeiro foi inventado, em Março de 1914, três meses antes de Álvaro de Campos – o tal «dia triunfal» é pura ficção de Pessoa, na carta a Adolfo Casais Monteiro, para estabelecer a interacção dos hete-

17 Poema 61, dos «Inconjuntos».

rónimos, mostrando que já nasceram em reacção uns aos outros. É assim que nessa entrevista, no Casino de Vigo, que Pessoa encomenda a Caeiro antes de o recambiar para o Ribatejo apascentar as suas ovelhas-pensamentos, o faz declarar: «Quando leio Pascoais farto-me de rir.». É que Caeiro nasceu para recusar não só o Cristismo encapuçado desses poetas mas a sua velha expressão poética, sujeita a outra ditadura, não já a do catolicismo mas a da métrica e da rima. Esta a mais revolucionária inovação do «grande Libertador», continuada por Campos. Por isso é que Pessoa encarregou Caeiro, num dos seus numerosos projectos, de «5 odes Futuristas»[18], antes de dar Campos à luz, já com o desafio do Futurismo no horizonte. Chegou a esboçá-las com assinatura de Caeiro mas, três meses depois, passou-as ao recém-nascido Álvaro de Campos: a essa passagem de «pasta» assistimos nos fac-símiles apresentados oportunamente (pp. 192 e 194) com o nome de Caeiro riscado e substituído pelo de Campos.

Nenhuma das anteriores edições de Caeiro leva em consideração esta sua primeira fase de poeta moderno, até futurista, dando entrevistas num casino, por sinal no estrangeiro, movimentando-se numa gare de comboios (poema n.º 4, «na fronteira», antes do «nascimento» de Campos), gozando os «primeiros minutos nos cafés das grandes cidades» (n.º2) ou os «grandes estandartes de fumo das chaminés das fábricas» (n.º 6).

Afigura-se-me indispensável, para contar a tal ficção imaginada por Pessoa, a da vida e obra dos seus heterónimos, não escamotear esta pré-história, como têm feito os editores de Caeiro. Os seis poemas que a atestam são bem mais importantes para o desenrolar dessa ficção do que os dois publicados por Z/M e IC, escritos em 1919, durante a «dormência» de Campos (n.os 7 e 8), que, apesar de não estarem atribuídos, também aqui inseri, por terem sido realmente incluídos por Pessoa numa lista de poemas de 1919, com atribuição a Caeiro, durante o sono cataléptico de Campos – passada a euforia das «grandes odes», de que só ressuscitará em 1923. Numa fase em que Caeiro já se definira inteiramente, com o papel que tem no romance-drama pessoano, esses poemas não se coadunam com o papel desempenhado por essa personagem, nem com a linguagem que ficou a ser definitivamente a sua, como oportunamente faço notar. Por isso, apenas os tolero «na fronteira».

Quanto ao poema «de atribuição incerta», inserido na sua edição por Z/M (p.193), expulso-o com veemência: exibe vários tiques «paúlicos» ou «interseccionistas», com a sua «Hora» maiusculada: jamais Caeiro assinalaria «o bater das têmporas da Hora!» e diria que «uma sonolência acre e hirta amolecia na poeira da estrada»!

Talvez a mais importante inovação de Caeiro, continuada e desenvolvida por Campos (e, mais tarde, por Bernardo Soares, no seu *Livro do Desassossego)* seja a de ter inaugurado uma linguagem coloquial, propositadamente prosaica, que não ti-

18 48-27r (ver fac-símile na página 190, esboço dessa realização).

nha tido, até aí, direito de admissão na poesia, como dizer que quer «desencaixotar as suas emoções verdadeiras» e «raspar a tinta com que [lhe] pintaram os sentidos».

Finalizarei este longo (mas necessário) preâmbulo, relembrando a dívida para com todos os que me precederam na fixação destes textos – apesar das discordâncias expressas em rodapé e no posfácio – homenagem já prestada na anterior edição do *Livro(s) do Desassossego*.

Teresa Rita Lopes

Pessoa imaginando Caeiro: «Vejo um recorte de mim / No cimo dum outeiro»...

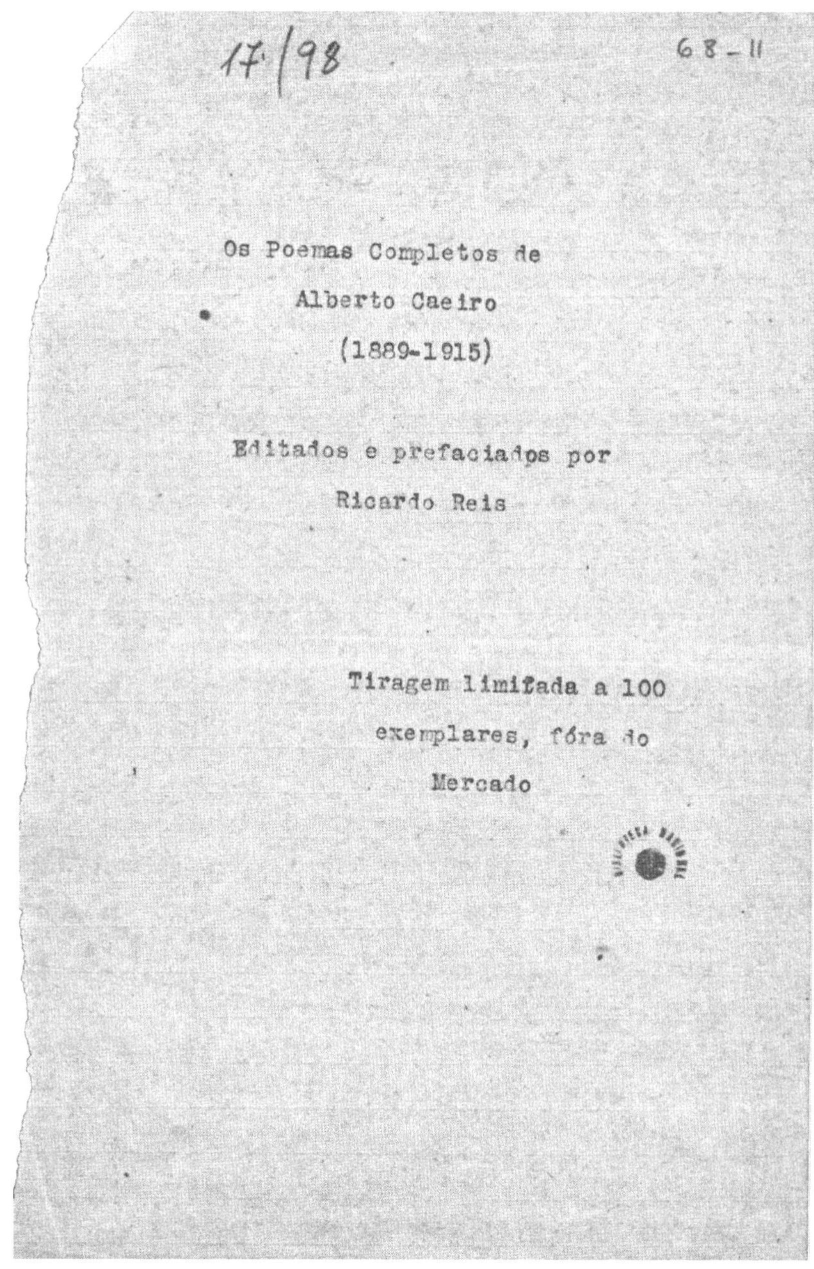

17/98

68-11

Os Poemas Completos de

Alberto Caeiro

(1889-1915)

Editados e prefaciados por

Ricardo Reis

Tiragem limitada a 100

exemplares, fóra do

Mercado

Pessoa planeando editar a poesia de Caeiro, «fora do mercado», como evangelho do Neopaganismo.

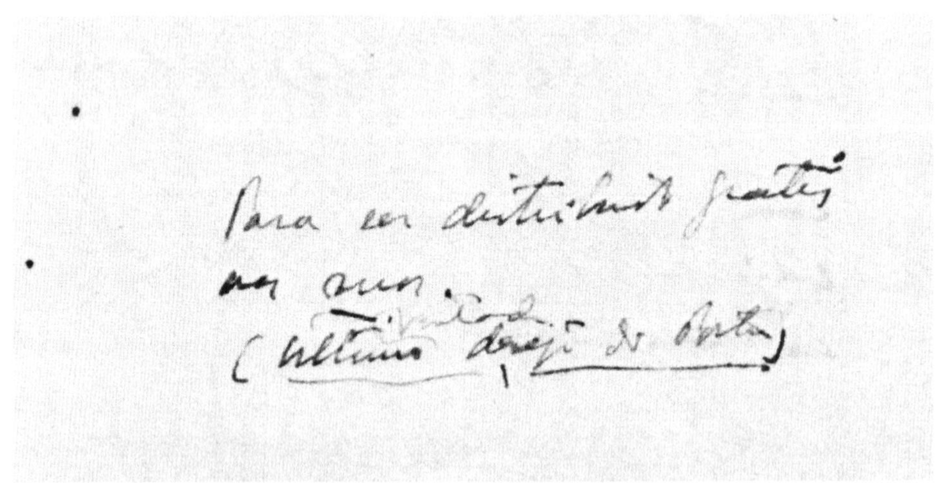

Para ser distribuido grátis
nas ruas.
vontade
(Último desejo do Poeta)

"Para ser distribuído grátis nas ruas. (Último desejo (variante: vontade) do Poeta)"

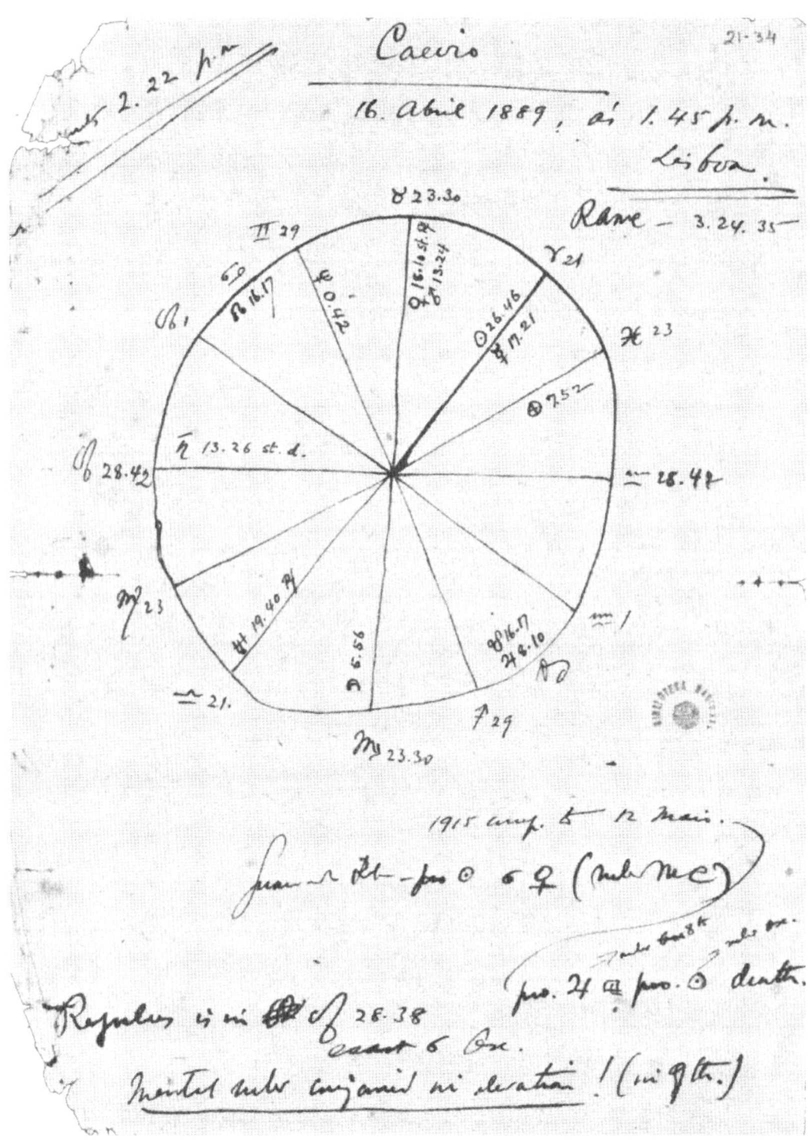

Horóscopo de Caeiro feito por Pessoa.

SÍMBOLOS, ABREVIATURAS E OUTRAS CONVENÇÕES

□ espaço em branco deixado pelo autor

[ ] intervenção do editor

[?] leitura duvidosa

[.] palavra não lida – um ponto para cada palavra

dact. dáctilo-escrito

ms. manuscrito

Esp.3 BN Espólio pessoano, na Biblioteca Nacional

GR "O Guardador de Rebanhos"

Z/M edição R. Zenith e C. Martins

IC edição Ivo Castro

P/F edição J. Pizarro e P. Ferrari

O Caderno onde estão manuscritos os poemas de «O Guardador de Rebanhos», aqui transcritos, tem a cota 145, pelo que me abstive de o referir em nota final.

Nas notas finais indico as cotas do Espólio 3 da Biblioteca Nacional em que estão depositados os originais (excepto um, da biblioteca particular de Pessoa, na Casa Fernando Pessoa) a partir dos quais fixei estes textos; acrescento a data, quando expressa ou deduzida; dou notícia da não atribuição do trecho, quando isso ocorre (assinalo apenas essa ausência de atribuição).

As indicações de «verso» (abreviado v) e «recto» (r), nas cotas do Espólio da Biblioteca Nacional, indicadas em nota final, visam encaminhar o leitor para essa localização na folha original.

Actualizo a ortografia. Desenvolvo as abreviaturas. Ponho entre parênteses rectos as minhas intervenções, letras ou pontuação acrescentadas.

Coloco em rodapé as variantes – alternativas que o autor sugere a si próprio, entre parênteses, por cima, por baixo, ao lado da(s) palavra(s) na linha corrida, sem a(s) riscar – e, em itálico, as palavras do texto a que correspondem.

A. Caeiro.

Este livro já devia ter apparecido; mas esperava-se a apresentação do sr. dr. Ricardo Reis, e como este tinha de vir da America, houve uma ~~demora~~ nos ~~demora~~ na publicação do livro.

Além do prefacio, o sr. dr. Ricardo Reis tambem deu ordens para a collocação dos poemas que vão no fim do livro sob o titulo O Pastor Amoroso.

As notas do livro são tambem do sr. dr. Ricardo Reis.

A nossa [illegible] desta não passa de ter dado ao poeta o [illegible] como seu discipulo.

O sr. dr. Ricardo Reis é professor de ~~[illegible]~~ humanidades n'um importante collegio americano.

A. L. C.
J. C.

[NOTA PREFACIAL DOS PARENTES DE ALBERTO CAEIRO]

Este livro já devia ter aparecido; mas esperava-se a apresentação do sr. dr. Ricardo Reis, e como esta tinha de vir da América, houve *uma maior demora*[19] na publicação do livro.

Além do prefácio, o sr. dr. Ricardo Reis também deu ordens para a colocação dos poemas que vão no fim do livro sob o título «O Andaime».[20]

As notas do livro são também do sr. dr. Ricardo Reis.

A nossa escolha deste sr. para este fim foi devido ao poeta o considerar como seu discípulo.

O sr. dr. Ricardo Reis é um distinto professor de *latim*[21] num importante colégio americano.

A. L. C.
J. C.[22]

19 Variante sobreposta: «mais demora do que se esperava».

20 Pessoa referiu como «livros» as diferentes partes da obra de Caeiro, intitulando primitivamente «Andaime» a terceira parte, a que começou a chamar «Poemas Inconjuntos». Mantive as duas designações, a segunda como subtítulo.

21 Variante subposta: «humanidades».

22 Num dos numerosos prefácios [14E-5ʳ], Pessoa indica o nome desses parentes (que não coincide inteiramente com estas iniciais): António Caeiro da Silva e Júlio Manuel Caeiro.

PREFÁCIO DE RICARDO REIS

Alberto Caeiro da Silva nasceu em Lisboa a [16] de Abril de 1889, e nessa cidade faleceu, tuberculoso, em □ de □ de 1915.[23] A sua vida, porém, decorreu quase toda numa quinta do Ribatejo; só os primeiros dois anos dele, e os últimos meses, foram passados na sua cidade natal. Nessa quinta isolada cuja aldeia próxima considerava por sentimento como sua terra, escreveu Caeiro quase todos os seus poemas – os primeiros, a que chamou «de criança», os do livro intitulado «O Guardador de Rebanhos», os do livro, ou o quer que fosse, incompleto, chamado «O Pastor Amoroso», e alguns, os primeiros, de que eu mesmo, herdando-os para publicar, com todos os outros, reuni sob a designação, que Álvaro de Campos me *sugeriu*[24] bem, de «Poemas Inconjuntos». Os últimos destes poemas, a partir daquele numerado □, são porém produto do último período da vida do autor, de novo passada em Lisboa. Julgo de meu dever estabelecer esta breve distinção, pois alguns desses últimos poemas revelam, *na*[25] perturbação da doença, uma novidade um pouco estranha ao carácter geral da obra, assim em natureza como em direcção.

A vida de Caeiro não pode narrar-se pois que não há nela de que narrar. Seus poemas são o que *viveu.*[26] Em tudo mais não houve incidentes, nem há história. O mesmo breve episódio, improfícuo e absurdo, que deu origem aos [nove] poemas de «O Pastor Amoroso», não foi um incidente, senão, por assim dizer, um esquecimento.

A obra de Caeiro representa a reconstrução integral do paganismo, na sua essência absoluta, tal como nem os gregos nem os romanos, que viveram nele e por isso o não pensaram, o puderam fazer. A obra, porém, e o seu paganismo, não foram nem pensados nem até sentidos: foram vividos com o que quer que seja que é em nós mais profundo que o sentimento ou a razão. Dizer mais fora explicar, o que de nada serve; afirmar menos fora mentir. Toda obra fala por si, com a voz que lhe é própria, e naquela linguagem em que *é pensada,*[27] quem não entende não pode entender, e não há pois que explicar-lhe. É como fazer compreender a alguém, espaçando as palavras no dizer, um idioma que nunca aprendeu.

Ignorante da vida e quase ignorante das letras, quase sem convívio nem cultura, fez Caeiro a sua obra por um progresso imperceptível e profundo, como aquele que dirige, através das consciências inconscientes dos homens, o desenvolvimento lógico das civilizações. Foi um progresso de sensações, ou, antes, de maneiras de as ter, e uma evolução íntima de pensamentos derivados de tais sensações progressi-

23 Preenchi entre parênteses rectos os espaços que no texto deixou em branco, quando dispomos dessa informação através de outros textos.
24 Variante sobreposta: «lembrou».
25 Variante sobreposta: «pela».
26 Variante sobreposta: «houve nele de vida».
27 Variante sobreposta: «se forma na mente».

vas. Por uma intuição sobre-humana, como aquelas que fundam religiões para sempre, porém a que não assenta o título de religiosa, por isso que, como o sol e a chuva, repugna toda a religião e toda a metafísica, este homem descobriu o mundo sem pensar nele, e criou um conceito de universo que não contém meras interpretações.

Pensei, quando primeiro me foi entregada a empresa de *prefaciar*[28] estes livros, em fazer no prefácio um largo estudo crítico e excursivo sobre a obra de Caeiro e a *sua natureza e destino fatal.*[29] Tentei com abundância escrevê-lo. Porém não pude *fazer*[30] estudo algum que me satisfizesse. Não se pode comentar, porque se não pode pensar, o que é directo, como o céu e a terra; pode tão-somente ver-se e sentir-se.

Pesa-me que a razão me compila a dizer *estas nenhumas palavras*[31] ante a obra do meu Mestre, de não poder escrever, de útil ou de necessário, com a cabeça, mais que disse com o coração, na [Ode XIV] do Livro I meu, com a qual choro o homem que foi para mim, como virá a ser para mais que muitos, o revelador da Realidade, ou, como ele mesmo disse, «o Argonauta das sensações verdadeiras» – o grande Libertador, que nos restituiu, cantando, ao nada luminoso que somos; que nos arrancou à morte e à vida, deixando-nos entre as simples coisas, que nada conhecem, em seu decurso, de viver nem de morrer; que nos livrou da esperança e da desesperança, para que nos não consolemos sem razão nem nos entristeçamos sem causa; convivas com ele, sem pensar, da *realidade*[32] objectiva do Universo.

Dou a obra, cuja edição me foi cometida, ao acaso fatal do mundo. Dou-a e digo:

Alegrai-vos, todos vós que chorais na maior das doenças da História!

O grande Pã renasceu![33]

---

28 Variante sobreposta: «publicar».

29 Variante sobreposta: «as suas teorias e natural destino».

30 Variante sobreposta: «formar».

31 Variante sobreposta: «este pouco de palavras».

32 Variantes: sobreposta, «fatalidade»; subposta, ao lado, «necessidade».

33 O autor acrescentou, em baixo da página, a dedicatória, que desloquei para a página seguinte.

Esta obra inteira é dedicada
por desejo do próprio autor
à memória de Cesário Verde.

LIVRO I
O guardador de rebanhos

O Guardador de Rebanhos.

I

Eu nunca guardei rebanhos,
Mas é como se os guardasse.
Minha alma é como um pastor,
Conhece o vento e o sol
E anda pela mão das Estações
A seguir e a olhar.
Toda a paz da Natureza sem gente
Vem sentar-se a meu lado.
Mas eu fico triste como um pôr de sol
Para a nossa imaginação,
Quando esfria no fundo da planície
E se sente a noite já entrada
Como uma borboleta pela janela.

Mas a minha tristeza é sossego
Porque é natural e justa
E é o que deve estar na alma
Quando já pensa que existe
E as mãos colhem flores sem ela dar por isso.

Como um ruído de chocalhos
Para além da curva da estrada,
Os meus pensamentos são contentes.
Só tenho pena de saber que eles são contentes,
Porque, se o não soubesse,
Em vez de serem contentes e tristes,
Seriam alegres e contentes.

Pensar incomoda como andar à chuva
Quando o vento cresce e parece que chove mais.

Não tenho ambições nem desejos.
Ser poeta não é uma ambição minha.
É a minha maneira de estar sozinho.

E se desejo às vezes,
Por imaginar, ser cordeirinho
(Ou ser o rebanho todo
Para andar espalhado por toda a encosta
A ser muita cousa feliz ao mesmo tempo),
É só porque sinto o que escrevo ao pôr do sol,

Ou quando uma nuvem passa a mão por cima da luz
E corre um silêncio pela erva fora.

Quando me sento a escrever versos
Ou, passeando pelos caminhos ou pelos atalhos,
Escrevo versos num papel que está no meu pensamento,
Sinto um cajado nas mãos
E vejo um recorte de mim
No cimo dum outeiro,
Olhando para o meu rebanho e vendo as minhas ideias,
Ou olhando para as minhas ideias e vendo o meu rebanho,
E sorrindo vagamente como quem não compreende o que se diz
E quer fingir que compreende.

Saúdo todos os que me lerem,
Tirando-lhes o chapéu largo
Quando me vêem à minha porta
Mal a diligência levanta no cimo do outeiro.
Saúdo-os e desejo-lhes sol,
E chuva, quando a chuva é precisa,
E que as suas casas tenham
Ao pé duma janela aberta
Uma cadeira predilecta
Onde se sentem, lendo os meus versos.
E ao lerem os meus versos pensem
Que sou qualquer cousa natural –
Por exemplo, a árvore antiga
À sombra da qual quando crianças
Se sentavam com um baque, cansados de brincar,
E limpavam o suor da testa quente
Com a manga do bibe riscado.

O meu olhar é[1] nítido como um girassol.
Tenho o costume de andar pelas estradas
Olhando para a direita e para a esquerda,

1 Variantes: sobreposta, «Onde eu olho tudo está»; à margem, «Ao meu olhar, tudo é» (variante desta variante: «Tudo que vejo está»). Também à margem, ou acrescento, ou variante, ou indicação não decifrados, nem aqui nem nas anteriores fixações do poema.

E de vez em quando olhando para trás...
E o que vejo a cada momento
É aquilo que nunca antes eu tinha visto,
E eu sei dar por isso muito bem...
Sei ter o pasmo *comigo*[2]
Que teria uma criança se, ao nascer,
Reparasse que nascera deveras...
Sinto-me nascido a cada momento
Para a *eterna*[3] novidade do mundo...

Creio no mundo como num malmequer,
Porque o vejo. Mas não penso nele
Porque pensar é não compreender...
O mundo não se fez para pensarmos nele
(Pensar é estar doente dos olhos)
Mas para olharmos para ele e estarmos de acordo.

Eu não tenho filosofia: tenho sentidos...
Se falo na Natureza não é porque saiba o que ela é,
Mas porque a amo, e amo-a por isso,
Porque quem ama nunca sabe o que ama
Nem sabe porque ama, nem o que é amar...

Amar é a *eterna*[4] inocência,
E *a única*[5] inocência é não pensar...

Ao entardecer, debruçado pela janela,
E sabendo *de soslaio*[6] que há campos em frente,
Leio até me arderem os olhos
O Livro de Cesário Verde.

Que pena que tenho dele! Ele era um camponês
Que andava preso em liberdade pela cidade.

---

2 «comigo» substitui a palavra riscada «essencial», que tem como variante sobreposta «com os olhos» e subposta «por trás dos olhos», embora «comigo», destacada por um círculo, mostre ser a forma eleita.
3 Variantes: sobreposta, «serena»; ao lado, «completa»; subpostas: «perpétua» e «súbita»; variante da variante «súbita», «grande».
4 Variantes: sobreposta, «perpétua»; subpostas, «grande» e «primeira».
5 Variante sobreposta: «toda a».
6 Variantes: ao lado, «por cima dos olhos»; sobreposta, variante da variante «por cima»: «de cima».

Mas o modo como olhava para as casas,
E o modo como reparava nas ruas,
E a maneira como dava pelas pessoas,
É o de quem olha para árvores,
E de quem desce os olhos pela estrada por onde vai andando
E *anda*[7] a reparar nas flores que há pelos campos...

Por isso ele tinha aquela grande tristeza
Que ele nunca disse bem que tinha,
Mas andava na cidade como quem não anda no campo
E triste como esmagar flores em livros
E pôr plantas em jarros...[8]

IV

Esta tarde a trovoada caiu
Pelas encostas do céu abaixo
Como um pedregulho enorme...

Como alguém que duma janela alta
Sacode uma toalha de mesa,
E as migalhas, por caírem todas juntas,
Fazem algum barulho ao cair,
A chuva chiou do céu
E enegreceu os caminhos...

Quando os relâmpagos sacudiam o ar
E abanavam o espaço
Como uma grande cabeça que diz que não,
Não sei porquê – eu não tinha medo –
Pus-me a querer[9] rezar a Santa Bárbara
Como se eu fosse a velha tia de alguém...

---

7 Variantes: sobreposta, «se vê»; subposta, «vê que está».

8 Acrescentado a lápis, no final, um apontamento, encarado pelos anteriores editores como um acrescento, mas que talvez fosse uma variante aos dois últimos versos, que têm ao lado um sinal de redacção provisória: «Assim ele foi, e o que ele disse / Foi parte disto [mas com tristeza].» A expressão entre parênteses rectos parece sugerir que é opcional. Como os três últimos versos nos sabem a erro, sugiro que, em vez de «andava», Pessoa quereria escrever «andar»: «Mas andar na cidade como quem não anda no campo / É triste como esmagar flores em livros / E pôr plantas em jarros...». Implicaria admitir que se esqueceu de acentuar «E». Outra hipótese: esquecimento de «a», antes de «esmagar». Tal como estão, o sentido e a gramática dos versos «coxeiam»...

9 Variante sobreposta: «Quis-me a».

Ah, é que rezando a Santa Bárbara
Eu *sentia-me*[10] ainda mais simples
Do que julgo que sou...
Sentia-me[11] familiar e caseiro
E tendo passado a vida
Tranquilamente, como o[12] *muro do quintal;*
Tendo ideias e sentimentos por os ter
Como uma flor tem perfume e cor...[13]

Sentia-me alguém que possa acreditar em Santa Bárbara...
Ah, poder crer em Santa Bárbara!

(Quem crê que há Santa Bárbara,
Julgará que ela é gente e visível
Ou que julgará dela?)

(Que artifício! Que sabem
As flores, as árvores, os rebanhos,
De Santa Bárbara?... Um ramo de árvore,
Se pensasse, nunca podia
Construir santos nem anjos...
Poderia julgar que o sol
Alumia, e que a trovoada
É *uma quantidade de gente*[14]
Zangada por cima de nós...[15]
Ah, como os mais simples dos homens
São doentes e confusos e estúpidos
Ao pé da clara simplicidade
E saúde *em*[16] existir
Das árvores e das plantas!)

E eu, pensando em tudo isto,
Fiquei outra vez menos feliz...
Fiquei sombrio e adoecido e soturno
Como um dia em que todo o dia a trovoada ameaça
E nem sequer de noite chega...

---

10 Variante sobreposta: «sentir-me-ia».
11 Variante sobreposta: «sentir-me-ia».
12 Variante sobreposta: «quanto um».
13 Aos três últimos versos, estes com sinal de dubitação, é apresentada, no verso da página 4, uma alternativa: «Tranquilamente, ouvindo a chaleira, / E tendo parentas mais velhas que eu / E fazendo isso como se florisse assim.»
14 Variante sobreposta: «um barulho repentino».
15 Variante sobreposta: «Que principia com luz».
16 Variante sobreposta: «de».

V

Há metafísica bastante[17] em não pensar em nada.

O que penso eu do mundo?
Sei lá o que penso do mundo!
Se eu adoecesse pensaria nisso.

Que ideia tenho eu das cousas?
Que opinião tenho eu sobre as causas e os efeitos?
Que tenho eu meditado sobre Deus e a alma
E sobre a criação do mundo?
Não sei. Para mim pensar nisso é fechar os olhos
E não pensar. É correr as cortinas
Da minha janela (mas ela não tem cortinas).

O mistério das cousas? Sei lá o que é mistério!
O único mistério é haver quem pense no mistério.
Quem está ao sol e fecha os olhos,
Começa a não saber o que é o sol
E a pensar muitas cousas cheias de calor.
Mas abre os olhos e vê o sol,
E já não pode pensar em nada,
Porque a luz do sol vale mais que os pensamentos
De todos os filósofos e de todos os poetas.
A luz do sol não sabe o que faz
E por isso não erra e é comum e boa.

Metafísica? Que metafísica têm aquelas árvores?
A de serem verdes e copadas e de terem ramos
E a de dar fruto na sua hora, o que não nos faz pensar,
A nós, que não sabemos dar por elas.
Mas que melhor metafísica que a delas,
Que é a de não saber para que vivem
Nem saber que o não sabem?

«Constituição íntima das cousas»...
«Sentido íntimo do universo»...
Tudo isto é falso, tudo isto não quer dizer nada.
É incrível que se possa pensar em cousas dessas.
É como pensar em razões e fins
Quando o começo da manhã está raiando, e pelos lados das árvores
Um vago ouro lustroso vai perdendo a escuridão.

---

17 Em *Athena*: «bastaste» - erro evidente, que Pessoa corrigiu no exemplar da sua biblioteca pessoal.

Pensar no sentido íntimo das cousas
É acrescentado, como pensar na saúde
Ou levar um copo à água das fontes.

O único sentido íntimo das cousas
É elas não terem sentido íntimo nenhum.

Não acredito em Deus porque nunca o vi.
Se ele quisesse que eu acreditasse nele,
Sem dúvida que viria falar comigo
E entraria pela minha porta dentro
Dizendo-me, *Aqui estou!*

(Isto é talvez ridículo aos ouvidos
De quem, por não saber o que é olhar para as cousas,
Não compreende quem fala delas
Com o modo de falar que reparar para elas ensina.)

Mas se Deus é as flores e as árvores
E os montes e sol e o luar,
Então acredito nele,
Então acredito nele a toda a hora,
E a minha vida é toda uma oração e uma missa,
E uma comunhão com os olhos e pelos ouvidos.

Mas se Deus é as árvores e as flores
E os montes e o luar e o sol,
Para que lhe chamo eu Deus?
Chamo-lhe flores e árvores e montes e sol e luar;
Porque, se ele se fez, para eu o ver,
Sol e luar e flores e árvores e montes,
Se ele me aparece como sendo árvores e montes
E luar e sol e flores,
É que ele quer que eu o conheça
Como árvores e montes e flores e luar e sol.

E por isso eu obedeço-lhe,
(Que mais sei eu de Deus que Deus de si próprio?),
Obedeço-lhe a viver, espontaneamente,
Como quem abre os olhos e vê,
E chamo-lhe luar e sol e flores e árvores e montes,
E amo-o sem pensar nele,
E penso-o vendo e ouvindo,
E ando com ele a toda a hora.

VI

Pensar em Deus é desobedecer a Deus,
Porque Deus quis que o não conhecêssemos,
Por isso se nos não mostrou...

Sejamos simples e calmos,
Como os regatos e as árvores,
E Deus amar-nos-á fazendo de nós
Belos[18] como as árvores são árvores
E como os regatos são regatos,
E dar-nos-á verdor na sua primavera,
E um rio aonde ir ter quando acabemos...
E não nos dará depois, nada, porque dar-nos mais seria tirar-no-nos.[19]

VII

Da minha aldeia vejo quanto da terra se pode ver do universo...
Por isso a minha aldeia é tão grande como outra terra qualquer,
Porque eu sou do tamanho do que vejo
E não do tamanho da minha altura...[20]

Nas cidades a vida é mais pequena
Que aqui na minha casa *no cimo*[21] deste outeiro.
Na cidade as grandes casas *fecham*[22] a vista à chave,
Escondem o horizonte, empurram o nosso olhar para longe de todo o céu,
Tornam-nos pequenos porque nos tiram todo [o] tamanho de podermos olhar,[23]
E tornam-nos pobres porque a nossa única riqueza é ver.[24]

---

18 Variante: «Nós». Pessoa não riscou «Belos», por isso mantive esta palavra, embora, atendendo à expressão voluntariamente redundante «as árvores são árvores», fizesse sentido usar a variante: «fazendo de nós / Nós».

19 Os últimos cinco versos estão dubitados. O último verso, acrescentado a lápis, está separado do anterior por um pequeno traço. IC, P/F e Z/M leram e pontuaram erradamente: em vez de «depois, nada», escreveram «mais nada,». Z/M leu «tirar-nos-nos» em vez de «tirar-no-nos». Esta «fantasia» gramatical adultera o que seria potencialmente admissível: o uso do complemento directo o e do indirecto «nos», que daria «tirá-lo-nos».

20 Sinal de dubitação sob «da minha altura».

21 Variante sobreposta: «a meio».

22 Variante sobreposta: «prendem».

23 Z/M leram: «todo o tamanho que podemos olhar»; IC e P/F: «todo o tamanho para podermos olhar».

24 Os últimos quatro versos estão dubitados.

Num meio-dia de fim de primavera
Tive um sonho como uma fotografia.
Vi Jesus Cristo descer à terra.

Veio pela encosta de um monte
Tornado outra vez menino,
A correr e a rolar-se pela erva
E a arrancar flores para as deitar fora
E a rir de modo a ouvir-se de longe.

Tinha fugido do céu.
Era nosso de mais para fingir
De segunda pessoa da trindade.
No céu era tudo falso, tudo em desacordo
Com flores e árvores e pedras.
No céu tinha que estar sempre sério
E de vez em quando de se tornar outra vez homem
E subir para a cruz, e estar sempre a morrer
Com uma coroa toda à roda de espinhos
E os pés espetados por um prego com cabeça,
E até com um trapo à roda da cintura
Como os pretos nas ilustrações.
Nem sequer o deixavam ter pai e mãe
Como as outras crianças.
O seu pai era duas pessoas –
Um velho chamado José, que era carpinteiro,
E que não era pai dele;
E o outro pai era uma pomba estúpida,
A única pomba feia do mundo
Porque não era do mundo nem era pomba.
E a sua mãe não tinha amado antes de o ter.
Não era mulher: era uma mala
Em que ele tinha vindo do céu.
E queriam que ele, que só nascera da mãe,
E nunca tivera pai para amar com respeito,
Pregasse a bondade e a justiça!

Um dia que Deus estava a dormir
E o Espírito-Santo andava a voar,
Ele foi à caixa dos milagres e roubou três.

Com o primeiro fez que ninguém soubesse que ele tinha fugido,
Com o segundo criou-se eternamente humano e menino.
Com o terceiro criou um Cristo eternamente na cruz
E deixou-o pregado na cruz que há no céu
E serve de modelo às outras.
Depois fugiu para o sol
E desceu pelo primeiro raio que apanhou.

Hoje vive na minha aldeia comigo.
É uma criança bonita e[25] de riso natural.
Limpa o nariz ao braço direito,
Chapinha nas poças de água,
Colhe as flores e gosta delas e esquece-as.
Atira pedras aos burros,
Rouba a fruta dos pomares
E foge a chorar e a gritar dos cães.
E, porque sabe que elas não gostam
E que toda a gente acha graça,
Corre atrás das raparigas
Que vão em ranchos pelas estradas
Com as bilhas às cabeças
E levanta-lhes as saias.

A mim ensinou-me tudo.
Ensinou-me a olhar para as coisas.
Aponta-me todas as coisas que há nas flores.
Mostra-me como as pedras são engraçadas
Quando a gente as tem na mão
E olha devagar para elas.

Diz-me muito mal de Deus.
Diz que ele é um velho estúpido e doente,
Sempre a escarrar no chão
E a dizer indecências.
A Virgem-Maria leva as tardes da eternidade a fazer meia.
E o Espírito-Santo coça-se com o bico
E empoleira-se nas cadeiras e suja-as.
Tudo no céu é estúpido como a Igreja Católica.
Diz-me que Deus não percebe nada
Das coisas que criou –
«Se é que ele as criou, do que duvido» –.

25 Ousei deslocar a copulativa «e» para seu justo lugar, onde não estava por lapso evidente de Pessoa.

Ele diz, por exemplo, que os seres cantam a sua glória,
Mas os seres não cantam nada.
Se cantassem seriam cantores.
Os seres existem e mais nada,
E por isso se chamam seres.

E depois, cansado de dizer mal de Deus,
O Menino Jesus adormece nos meus braços
E eu levo-o ao colo para casa.

....

Ele mora comigo na minha casa a meio do outeiro.
Ele é a Eterna Criança, o deus que faltava.
Ele é o humano que é natural,
Ele é o divino que sorri e que brinca.
E por isso é que eu sei com toda a certeza
Que ele é o Menino Jesus verdadeiro.

E a criança tão humana que é divina
É esta minha quotidiana vida de poeta,
E é porque ele anda sempre comigo que eu sou poeta sempre,
E que o meu mínimo olhar
Me enche de sensação,
E o mais pequeno som, seja do que for,
Parece falar comigo.

A Criança Nova que habita onde vivo
Dá-me uma mão a mim
E a outra a tudo que existe
E assim vamos os três pelo caminho que houver,
Saltando e cantando e rindo
E gozando o nosso segredo comum
Que é o de saber por toda a parte
Que não há mistério no mundo
E que tudo vale a pena.

A Criança Eterna acompanha-me sempre.
A direcção do meu olhar é o seu dedo apontando.
O meu ouvido atento alegremente a todos os sons
São as cócegas que ele me faz, brincando, nas orelhas.

Damo-nos tão bem um com o outro
Na companhia de tudo
Que nunca pensamos um no outro,

Mas vivemos juntos e dois
Com um acordo íntimo
Como a mão direita e a esquerda.

Ao anoitecer brincamos às[26] cinco pedrinhas
No degrau da porta de casa,
Graves como convém a um deus e a um poeta,
E como se cada pedra
Fosse todo um universo
E fosse por isso um grande perigo para ela
Deixá-la cair no chão.

Depois eu conto-lhe histórias das coisas só dos homens
E ele sorri, porque tudo é incrível.
Ri dos reis e dos que não são reis,
E tem pena de ouvir falar das guerras,
E dos comércios, e dos navios
Que ficam fumo no ar dos altos mares.
Porque ele sabe que tudo isso falta àquela verdade
Que uma flor[27] tem ao florescer
E que anda com a luz do sol
A variar os montes e os vales
E a fazer doer aos olhos os muros caiados.

Depois ele adormece e eu deito-o.
Levo-o ao colo para dentro de casa
E deito-o, despindo-o lentamente
E como seguindo um ritual muito limpo
E todo materno até ele estar nu.

Ele dorme dentro da minha alma
E às vezes acorda de noite
E brinca com os meus sonhos.
Vira uns de pernas para o ar,
Põe uns em cima dos outros
E bate as palmas sozinho
Sorrindo para o meu sono.

....

Quando eu morrer, filhinho,
Seja eu a criança, o mais pequeno.

26 *Na presença* : «brincando as cinco pedrinhas», aparente gralha. Nas edições de Z/M, IC e P/F: «brincamos as». Estas edições não introduziram o acento.

27 Pessoa corrigiu «haste» para «flor» no seu exemplar da *presença*.

Pega-me tu ao colo
E leva-me para dentro da tua casa.
Despe o meu ser cansado e humano
E deita-me na tua cama.
E conta-me histórias, caso eu acorde,
Para eu tornar a adormecer.
E dá-me sonhos teus para eu brincar
Até que nasça qualquer dia
Que tu sabes qual é.

....

Esta é a história do meu Menino Jesus.
Porque razão que se perceba
Não há-de ser ela mais verdadeira
Que tudo quanto os filósofos pensam
E tudo quanto as religiões ensinam?

IX

Sou um guardador de rebanhos.
O rebanho é os meus pensamentos
E os meus pensamentos são todos sensações.
Penso com os olhos e com os ouvidos
E com as mãos e os pés
E com o nariz e a boca.

Pensar uma flor é vê-la e cheirá-la
E comer um fruto é saber-lhe o sentido.

Por isso quando num dia de calor
Me sinto triste de gozá-lo tanto,
E me deito ao comprido na erva,
E fecho os olhos quentes,
Sinto todo o meu corpo deitado na realidade,
Sei a verdade e sou feliz.

X

«Olá, guardador de rebanhos,
Aí à beira da estrada,
Que te diz o vento que passa?»

«Que é vento, e que passa,
E que já passou antes,
E que passará depois.
E a ti o que te diz?»

«Muita cousa mais do que isso.
Fala-me de muitas outras cousas.
De memórias e de saudades
E de cousas que nunca foram.»

«Nunca ouviste passar o vento.
O vento só fala do vento.
O que lhe ouviste foi mentira,
E a mentira está em ti.»

XI

Aquela senhora tem um piano
Que é *agradável*[28] mas não *é o correr dos*[29] rios
Nem o murmúrio que as árvores fazem...[30]

Para que é preciso ter um piano?
O melhor é ter ouvidos
E amar a Natureza.[31]

28 Variante sobreposta: «bom de ouvir»

29 Variante sobreposta: «soa como» (Z/M leram erradamente esta variante: «não como», omitindo «soa».).

30 Variante, ao cimo do poema, do verso 3: «Nem como o sossego com que as árvores se mexem...».

31 Variante, na continuação da linha, do verso 6: «E ouvir só os sons que nascem.»; variante sobreposta a «só»: «bem». Há uma posterior versão variante deste poema: 67-26r Dact. 01-01-1930, Évora. Assinado «Caeiro, M.» [«Mestre»?], que parece ter perdido a frescura característica do seu autor... Ei-la: «Aquela senhora tem um piano, / Que é bonito de ouvir, mas é o que ela faz dele. / Faz uma música feita, / Nem é o soar fraco dos ribeiros estreitos, / Nem o som afastado que muitas altas árvores juntas fazem. (variante: que mais que uma árvore alta fazem) // O melhor é não ter piano / E ouvir só o que nasce com som.».

XII

Os pastores de Virgílio tocavam avenas e outras cousas
E cantavam de amor literariamente
(Dizem[32] – eu nunca li Virgílio.
Para que o havia eu de ler?).

Mas os pastores de Virgílio, coitados, são Virgílio,
E a Natureza *é bela e antiga.*[33]

XIII

Leve, leve, muito leve,
Um vento muito leve passa,
E vai-se, sempre muito leve.
E eu não sei o que penso
Nem procuro sabê-lo.

XIV

Não me importo com as rimas. *Raras*[34] vezes
Há duas árvores iguais, uma ao lado da outra.
Penso e escrevo como as flores têm cor
Mas com menos perfeição no meu modo de exprimir-me
Porque me falta a simplicidade *divina*[35]
De ser todo só o meu exterior.

Olho e comovo-me,
Comovo-me como a água corre quando o chão é inclinado,
E *a minha poesia*[36] é natural como o levantar-se vento...

---

32 IC e P/F perpetuam inadmissivelmente o erro de leitura da Ática, já posteriormente corrigido por Z/M, na primeira palavra do terceiro verso: «Depois», em vez de «Dizem» - leitura inquestionável.

33 Variantes subpostas: «está mesmo aqui»; «está aqui mesmo». Em Z/M falta a segunda variante: «está aqui mesmo».

34 Variante sobreposta: «Nenhumas».

35 Variantes: sobreposta, «simples»; subposta, «natural».

36 Variante subposta: «o que escrevo».

XV

As quatro canções que seguem
Separam-se de tudo o que eu penso,
Mentem a tudo o que eu sinto,
São do contrario do que eu sou...

Escrevi-as estando doente
E por isso ellas são naturaes
E concordam com aquillo que sinto,
Concordam com aquillo com que não concordam...
Estando doente devo pensar o contrario
Do que penso quando estou são

(Senão não estaria doente),
Devo sentir o contrario do que sinto
Quando sou eu na saúde,
Devo mentir á minha natureza
De creatura que sente de certa maneira...
Devo ser todo doente — idéas e tudo.
Quando estou doente, não estou doente para outra cousa.

Por isso essas canções que me renegam
Não são capazes de me renegar
E são a paysagem da minha alma de noite,
A mesma ao contrario...

XV

As *quatro*[37] canções que seguem
Separam-se de tudo o que eu penso,
Mentem a tudo o que eu sinto,
São ao[38] contrário do que eu sou...

Escrevi-as estando doente
E por isso elas são naturais
E concordam com aquilo que sinto,
Concordam com aquilo com que não concordam...
Estando doente devo pensar o contrário
Do que penso quando estou são
(Senão não estaria doente),
Devo sentir o contrário do que sinto
Quando sou eu *na*[39] saúde,
Devo mentir à minha natureza
De criatura que sente de certa maneira...
Devo ser todo doente – ideias e tudo.
Quando estou doente, não estou doente para outra cousa.

Por isso essas canções que me renegam
Não são capazes de me renegar
E são *a paisagem*[40] da minha *alma*[41] de noite,
A mesma[42] *ao contrário...*[43]

---

37 Variante sobreposta: «duas», tendo Pessoa admitido escrever apenas duas, embora, mais tarde, tenha escrito quatro. IC e P/F substituem, como sempre, a versão da linha corrida pela variante, não os incomodando que se sigam, de facto, quatro «canções»...

38 Pessoa escreveu, efectivamente, «do contrário», mas creio que por lapso, influência do "d" da expressão que se segue «do que sou». Também poderia querer escrever «o contrário», ambas as expressões seriam admissíveis, «do contrário» é que não, como escrevem todos os anteriores editores.

39 Variantes: sobreposta, «e»; subposta, «com».

40 Variante sobreposta: «o campo».

41 Variante sobreposta: «maneira».

42 Variante sobreposta: «o mesmo».

43 Variantes subpostas: «e a noite»; «e mais a noite». Seguindo a habitual técnica de optar pela variante, apesar de Pessoa não ter riscado o que está na linha corrida, IC e P/F desfiguram assim os dois últimos versos: «E são o campo da minha maneira de noite, / O mesmo e mais a noite...». IC comete, além disto, o inaceitável descuido, sobretudo numa edição crítica, de não respeitar a divisão estrófica, não separando a primeira quadra dos versos seguintes.

XVI

Quem me dera que a minha vida fosse um carro de bois
Que vem a chiar, manhãzinha cedo, pela estrada,
E que para de onde veio volta depois,
Quase à noitinha pela mesma estrada.

Eu não tinha que ter esperanças – tinha só que ter rodas...
A minha velhice não tinha rugas nem cabelo branco...[44]
Quando eu já não servia, tiravam-me as rodas
E eu ficava virado e partido no fundo de um barranco.

Ou então faziam de mim qualquer coisa diferente
E eu não sabia nada do que de mim faziam...
Mas eu não sou um carro, sou diferente,
Mas em que sou realmente diferente nunca me diriam.

XVII

A Salada

No meu prato que mistura de Natureza!
As minhas irmãs as plantas,
As companheiras das fontes, as santas
A quem ninguém reza...

E cortam-nas e vêm à nossa mesa
E nos hotéis os hóspedes ruidosos,
Que chegam com correias tendo mantas,
Pedem[45] «salada», descuidosos,

Sem pensar que exigem à Terra-Mãe
A sua frescura e os seus filhos primeiros,
As primeiras verdes palavras que ela tem,
As primeiras cousas vivas e irisantes
Que Noé viu

44 Em Z/M, no plural: «cabelos brancos».
45 Variante sobreposta: «Dizem».

Quando as águas desceram e o cimo dos montes
Verde e alagado surgiu
E no ar por onde a pomba apareceu
O arco-íris se esbateu...

XVIII

Quem me dera que eu fosse o pó da estrada
E que os pés dos pobres me estivessem pisando...

Quem me dera que eu fosse os rios que correm
E que[46] as lavadeiras estivessem à minha beira...

Quem me dera que eu fosse os choupos à margem do rio
E tivesse só o céu por cima e a água por baixo...

Quem me dera que eu fosse o burro do moleiro
E que ele me batesse e me estimasse...

Antes isso que ser o que atravessa a vida
Olhando para trás de si e tendo pena...

XIX

O luar quando bate na relva
Não sei que cousas me lembra...
Lembra-me a voz da criada velha
Contando-me contos de fadas
E de como Nossa-Senhora vestida de mendiga
Andava à noite nas estradas
Socorrendo as crianças maltratadas...

Se eu já não posso crer que isso é verdade,
Para que bate o luar na relva?

46 Palavra ausente na edição Z/M.

XX

O Tejo é mais belo que o rio que corre pela minha aldeia,
Mas o Tejo não é mais belo que o rio que corre pela minha aldeia
Porque o Tejo não é o rio que corre pela minha aldeia.

O Tejo tem grandes navios
E navega nele ainda,
Para aqueles que veem em tudo o que lá não está,
A memória das naus.

O Tejo desce de Espanha
E o Tejo entra no mar em Portugal.
Toda a gente sabe isso.
Mas poucos sabem qual é o rio da minha aldeia
E para onde ele vai
E donde ele vem.
E por isso, porque pertence a menos gente,
É mais livre e maior o rio da minha aldeia.

Pelo Tejo vai-se para o mundo.
Para além do Tejo há a América
E a fortuna daqueles que a encontram.
Ninguém nunca pensou no que há para além
Do rio da minha aldeia.

O rio da minha aldeia não faz pensar em nada.
Quem está ao pé dele está só ao pé dele.

XXI

Se eu pudesse trincar a terra toda
E sentir-lhe um paladar,
E se a terra fosse uma cousa para trincar
Seria mais feliz um momento...
Mas eu nem sempre quero ser feliz.
É preciso ser de vez em quando infeliz
Para se poder ser natural...
Nem tudo é dias de sol,

E a chuva, quando falta muito, pede-se.
Por isso tomo a infelicidade com a felicidade
Naturalmente, como quem não estranha
Que haja montanhas e planícies
E que haja rochedos e erva...

O que é preciso é ser-se natural e calmo
Na felicidade ou na infelicidade,
Sentir como quem olha,
Pensar como quem anda,
E quando se vai morrer, lembrar-se de que o dia morre,
E que o poente é belo e é bela a noite que fica...
Assim é e [47]*assim seja...*[48]

XXII

Como quem num dia de verão abre a porta de casa
E espreita para o calor dos campos com a cara toda,
Às vezes, de repente, bate-me a Natureza de chapa
Na *cara*[49] dos meus sentidos,
E eu fico confuso, perturbado, querendo perceber
Não sei bem como nem o quê...

Mas quem me mandou a mim querer perceber?
Quem me disse que havia que perceber?
Quando o Verão *nos*[50] passa pela cara
A mão leve e quente da sua brisa,
Só tenho que sentir agrado porque é brisa
Ou que sentir desagrado porque é quente,
E de qualquer maneira que eu o sinta,
Assim, porque assim o sinto, é que *é meu dever senti-lo...*[51]

---

47 Variante subposta a «e», «, por isso».

48 Variante, na continuação da linha, do verso: «E que se assim é, é porque é assim.». IC e P/F desfiguram, de novo, um verso capital, substituindo-o por esta variante que anula o seu significativo tom solene de prece.

49 Variante sobreposta: «soma».

50 Variante sobreposta: «me».

51 No último verso, o final «o devo sentir...» está riscado, tendo sido corrigido pela frase sobreposta «é meu dever senti--lo...», à qual acrescenta três variantes subpostas «é completo senti-lo», «é isso senti-lo» e «isso é senti-lo», estando esta última escrita em caracteres um pouco maiores. Z/M elegeu esta variante, embora não seja seu costume fazê-lo, em vez da correcção sobreposta.

XXIII

O meu olhar azul como o céu
É calmo como a água ao sol.
É assim, azul e calmo,
Porque não interroga nem se espanta...

Se eu interrogasse e me espantasse
Não nasciam flores novas nos prados
Nem mudaria qualquer cousa no sol de modo a ele ficar mais belo.
(Mesmo se nascessem flores novas no prado
E se o sol mudasse para mais belo,
Eu sentiria menos flores no prado
E achava mais feio o sol...
Porque tudo é como é e assim é que é,
E eu aceito, e nem agradeço,
Para não *parecer* [52] que penso nisso...)

XXIV

O que nós vemos das cousas são as cousas.
Por que veríamos nós uma cousa se houvesse outra?
Por que é que ver e ouvir seriam iludirmo-nos
Se ver e ouvir são ver e ouvir?

O essencial é saber ver,
Saber ver sem estar a pensar,
Saber ver quando se vê,
E nem pensar quando se vê
Nem ver quando se pensa.
Mas isso (tristes de nós que trazemos a alma vestida!),
Isso exige um estudo profundo,
Uma aprendizagem de desaprender
E uma sequestração na liberdade daquele convento
De que os poetas dizem que as estrelas são as freiras eternas
E as flores as penitentes convictas de um só dia,
Mas onde afinal as estrelas não são senão estrelas
Nem as flores senão flores,
Sendo por isso que lhes chamamos estrelas e flores.

---

52 Variantes subpostas: «saber»; «perceber».

XXV

As bolas de sabão que esta criança
Se entretém a largar de uma palhinha
São translucidamente uma filosofia toda.

Claras, inúteis e passageiras como a Natureza,
Amigas dos olhos como as cousas,
São aquilo que são
Com uma precisão redondinha e aérea,
E ninguém, nem mesmo a criança que as deixa,
Pretende que elas são mais do que parecem ser.

Algumas mal se vêem no ar lúcido.
São como a brisa que passa e mal toca nas flores
E que só sabemos que passa
Porque qualquer cousa se aligeira em nós
E aceita tudo mais nitidamente.

XXVI

Às vezes, em dias de luz perfeita e exacta,
Em que as cousas têm toda a realidade que podem ter,
Pergunto a mim próprio devagar
Porque sequer atribuo eu
Beleza às cousas.

Uma flor acaso tem beleza?
Tem beleza acaso um fruto?
Não: têm cor e forma
E existência apenas.
A beleza é o nome de qualquer cousa que não existe
Que eu dou às cousas em troca do agrado que me dão.
Não significa nada.
Então porque digo eu das cousas: são belas?

Sim, mesmo a mim, que vivo só de viver,
Invisíveis, vêm ter comigo as mentiras dos homens
Perante as cousas,
Perante as cousas que simplesmente existem.

Que difícil ser próprio e não ver senão o visível!

XXVII

Só a Natureza é divina, e ela não é divina...

Se às vezes falo dela como de um ente
É que para falar dela preciso usar da linguagem dos homens
Que dá personalidade às cousas
E impõe nome às cousas.

Mas as cousas não têm nome nem personalidade:
Existem, e o céu é grande e a terra larga,
E o nosso coração do tamanho de um punho fechado...

Bendito seja eu por tudo quanto não sei.
É isso tudo que verdadeiramente sou.
Gozo tudo isso como quem sabe que *há o*[53] sol.

XXVIII

Li hoje quase duas páginas
Do livro dum poeta místico,
E ri como quem tem chorado muito.

Os poetas místicos são filósofos doentes,
E os filósofos são homens doidos.

Porque os poetas místicos dizem que as flores sentem
E dizem que as pedras têm alma
E que os rios têm êxtases ao luar.

Mas as flores, se sentissem, não eram flores,
Eram gente;
E se as pedras tivessem alma, eram cousas vivas, não eram pedras;
E se os rios tivessem êxtases ao luar,
Os rios seriam homens doentes.

É preciso não saber o que são flores e pedras e rios
Para falar dos sentimentos deles.
Falar da alma das pedras, das flores, dos rios,
É falar de si próprio e dos seus falsos pensamentos.
Graças a Deus que as pedras são só pedras,
E que os rios não são senão rios,
E que as flores são apenas flores.

53 Variante subposta: «está aqui ao».

Por mim, escrevo a prosa dos meus versos
E fico contente,
Porque sei que compreendo a Natureza por fora;
E não a compreendo por dentro
Porque a Natureza não tem dentro;
Senão não era a Natureza.

XXIX

Nem sempre sou igual no que digo e escrevo.
Mudo, mas não mudo muito.
A cor das flores não é a mesma ao sol
Do que quando uma nuvem *passa*[54]
Ou quando *entra*[55] a noite
E as flores são cor *da sombra.*[56]

Mas quem olha bem vê que são as mesmas flores.
Por isso quando pareço não concordar comigo,
Reparem bem para mim:
Se estava virado para a direita,
Voltei-me agora para a esquerda,
Mas sou sempre eu, assente sobre os mesmos pés –
O mesmo sempre, graças *ao céu e à terra*[57]
E aos meus olhos e ouvidos *atentos*[58]
E à minha clara *simplicidade*[59] de alma...

XXX

Se quiserem que eu tenha um misticismo, está bem, tenho-o.
Sou místico, mas só com o corpo.
A minha alma é simples e não pensa.

O meu misticismo é não querer saber.
É viver e não pensar nisso.

Não sei o que é a Natureza: canto-a.
Vivo no cimo dum outeiro

54 Variante sobreposta: «dura».
55 Variante sobreposta: «fica».
56 Variantes sobrepostas: «que a gente sabe que elas têm»; «da gente lhes saber a cor»; «da lembrança».
57 Variantes: sobreposta, «a haver a terra»; subposta, «a mim e à terra».
58 Variante sobreposta: «convictos».
59 Variante subposta: «contiguidade».

Numa casa caiada e sozinha,
E essa é a minha definição.

XXXI

Se às vezes digo que as flores sorriem
E se eu disser que os rios cantam,
Não é porque eu julgue que há sorrisos nas flores
E cantos no correr dos rios...

É porque assim faço mais sentir aos homens falsos[60]
A existência verdadeiramente *real*[61] das flores e dos rios.

Porque escrevo para eles me lerem sacrifico-me às vezes
À sua estupidez de sentidos...
Não concordo comigo mas absolvo-me
Porque não me aceito a sério.
Porque só sou essa cousa odiosa, um intérprete da Natureza,
Porque há homens que não percebem a sua linguagem,
Por ela não ser linguagem nenhuma...[62]

XXXII

Ontem à tarde um homem das cidades
Falava à porta da estalagem.
Falava comigo também.
Falava da justiça e da luta para haver justiça
E dos operários que sofrem,
E do trabalho constante, e dos que têm fome,
E dos ricos, que só têm costas para isso.

E, olhando para mim, viu-me lágrimas nos olhos
E sorriu com agrado, julgando que eu sentia
O ódio que ele sentia, e a compaixão
Que ele dizia que sentia.

(Mas eu mal o estava ouvindo.
Que me importam a mim os homens

60 «falsos» é um acrescento a manter, embora dubitado, para fazer contraste com «a existência verdadeiramente real», no verso seguinte; Z/M não o inclui, considerando-o elemento de uma variante que o não é.
61 Variante sobreposta: «verdadeira».
62 Todo o poema está dubitado com pontos de interrogação.

E o que sofrem ou supõem que sofrem?
Sejam como eu – não sofrerão.
Todo o mal do mundo vem de nos importarmos uns com os outros,
Quer para fazer bem, quer para fazer mal.
A nossa alma e o céu e a terra bastam-nos.
Querer mais é perder isto, e ser infeliz.)

Eu no que estava pensando
Quando o amigo de gente falava
(E isso me comoveu até às lágrimas),
Era em como o murmúrio longínquo dos chocalhos
A esse entardecer
Não parecia os sinos duma capela pequenina
A que fossem à missa as flores e os regatos
E as almas simples como a minha.

(Louvado seja Deus que não sou bom,
E tenho o egoísmo natural das flores
E dos rios que seguem o seu caminho
Preocupados sem o saber
Só com florir e ir correndo.
É essa a única missão no mundo,
Essa – existir claramente,
E saber fazê-lo sem pensar nisso.)

E o homem calara-se, olhando o poente.
Mas que tem com o poente quem odeia e ama?

XXXIII

Pobres das flores nos canteiros dos jardins regulares.
Parecem[63] ter medo da polícia...
Mas tão *boas*[64] que florescem do mesmo modo
E têm o mesmo *sorriso*[65] antigo
Que tiveram à solta para o primeiro olhar do primeiro homem
Que as viu aparecidas e lhes tocou levemente
Para ver se elas falavam...[66]

---

63 Por cima de «Parecem»: «alegrias», que parece um acrescento mas, como tal, não faz sentido. Talvez por isso, Z/M ignorou esta intrigante palavra que, contudo, não podemos fazer que não existe. Será uma variante pouco feliz a «ter medo da polícia»? P/F ignoram-na também; IC integra-a: «Parecem alegrias...»

64 Variante sobreposta: «certas».

65 Variante sobreposta: «colorido».

66 Variantes subpostas: a «falavam», «mudariam» e «mudavam»; a «se elas falavam», «o que elas faziam» e «a quem pertenciam»; ao verso inteiro, «Para as ver com o tacto também.»; variante da variante «o tacto», «os dedos».

XXXIV

Acho tão natural que não se pense
Que me ponho a rir ás vezes, sósinho,
Não sei bem de quê, mas é de qualquer cousa
Que tem que ver com haver gente que pensa...

Que pensará o meu muro da minha sombra?
Pergunto-me ás vezes isto até dar por mim
A perguntar-me cousas...
E então desagrado-me, e incommodo-me
Como se desse por mim com um pé dormente...

Que pensará isto de aquillo?
Nada pensa nada.
Terá a terra consciencia das pedras e plantas que tem?
Se ella a tiver, que a tenha...
Que me importa isso a mim?
Se eu pensasse n'essas cousas,
Deixaria de ver as arvores e as plantas
E deixava de ver a Terra,
Para ver só os meus pensamentos...
Entristecia e ficava ás escuras.
E assim, sem pensar, tenho a Terra e o Céu.

XXXIV

Acho tão natural que não se pense
Que me ponho a rir às vezes, sozinho,
Não sei bem de quê, mas é de qualquer cousa
Que tem que ver com haver gente que pensa...

Que pensará o meu muro da minha sombra?
Pergunto-me às vezes isto até dar por mim
A perguntar-me cousas...
E então desagrado-me, e incomodo-me
Como se desse por mim com um pé dormente...

Que pensará isto de aquilo?
Nada pensa nada.
Terá a terra consciência das pedras e plantas que tem?
Se ela a tiver, que a tenha...[67]
Mas que me importa isso a mim?
Se eu pensasse nessas cousas,
Deixava de ver as árvores e as plantas
E deixava de ver a Terra,
Para ver só os meus pensamentos...
Entristecia e ficava às escuras.
E assim, sem pensar, tenho a Terra e o Céu.

---

67 Variante (também encarável como acrescento), à margem: «Se ela tivesse, seria gente; / E se fosse gente, tinha feitio de gente não era a terra.». IC e P/F consideram esta nota à margem como variante, mas deixaram cair a frase final «não era a terra», sem explicação.

XXXV

O luar através dos altos ramos,
Dizem os poetas todos que ele é mais
Que o luar através dos altos ramos.

Mas para mim, que não sei o que penso,
O que o luar através dos altos ramos
É, além de ser
O luar através dos altos ramos,
É não ser mais
Que o luar através dos altos ramos.

XXXVI

E há poetas que são artistas
E trabalham nos seus versos
Como um carpinteiro nas tábuas!...

Que triste não saber florir!
Ter que pôr verso sobre verso, como quem constrói um muro
E ver se está bem, e tirar se não está!...

Quando a única casa *artística*[68] é a Terra toda
Que varia e está sempre boa e é sempre a mesma.

Penso nisto, não como quem pensa, mas como quem não pensa,
E olho para as flores e sorrio...
Não sei se elas me compreendem
Nem se eu as compreendo a elas,

---

68 Variante sobreposta: «certa».

Mas sei que a verdade está nelas e em mim
E na nossa comum divindade
De nos deixarmos ir e viver pela Terra
E levar ao colo pelas Estações contentes
E deixar que o vento cante para adormecermos,
E não termos[69] sonhos no nosso sono.

XXXVII

Como um grande borrão de fogo sujo
O sol-posto demora-se nas nuvens que ficam.
Vem um silvo vago de longe na tarde muito calma.
Deve ser dum comboio longínquo.

Neste momento vem-me uma vaga saudade
E um vago desejo plácido
Que aparece e desaparece.

Também às vezes, à flor dos ribeiros,
Formam-se bolhas na água
Que nascem e se desmancham
E não têm sentido nenhum
Salvo serem bolhas de água
Que nascem e se desmancham.

---

69 Variante subposta: «Afrouxando, e sem» (IC e P/F obtêm, com a sua prática habitual, o verso razoavelmente frouxo: «Afrouxando, e sem sonhos no nosso sono.»).

XXXVIII

Bendito seja o mesmo sol de outras terras
Que faz meus irmãos todos os homens,
Porque todos os homens, um momento no dia, o olham como eu,
E nesse *puro*[70] momento
Todo limpo e sensível
Regressam *lacrimosamente*[71]
E com um suspiro que mal sentem
Ao Homem verdadeiro e primitivo
Que via o sol nascer e ainda o não adorava.
Porque isso é natural – mais natural
Que adorar o *sol*[72] e depois Deus
E depois tudo o mais que não há.[73]

XXXIX

O mistério das cousas, onde está ele?
Onde está ele que não aparece
Pelo menos a mostrar-nos que é mistério?
Que sabe o rio disso e que sabe a árvore?
E eu, que não sou mais real[74] do que eles, que sei disso?
Sempre que olho para as cousas e penso no que os homens pensam delas,
Rio como um regato que soa fresco numa pedra.

---

70 Variante subposta: «bom».
71 Variante sobreposta: «imperfeitamente».
72 Variante subposta: «ouro».
73 Como último verso, Pessoa tinha escrito: «E depois a arte e a moral...». Posteriormente riscou «a arte» e subpôs: «tudo o mais que não há», sem riscar «e a moral», aparentemente por lapso.
74 Pessoa acrescentou "real" no exemplar de *Athena*, correção que se impõe.

Porque o único sentido oculto das cousas
É elas não terem sentido oculto nenhum.
É mais estranho do que todas as estranhezas
E do que os sonhos de todos os poetas
E os pensamentos de todos os filósofos
Que as cousas sejam realmente o que parecem ser
E não haja nada que compreender.

Sim, eis o que os meus sentidos aprenderam sozinhos: –
As cousas não têm significação: têm existência.
As cousas são o único sentido oculto das cousas.

XL

Passa uma borboleta por diante de mim
E pela primeira vez no universo eu reparo
Que as borboletas não têm cor nem movimento,
Assim como as flores não têm perfume nem cor.
A cor é que tem cor nas asas da borboleta,
No movimento da borboleta o movimento é que se move,
O perfume é que tem perfume no perfume da flor.
A borboleta é apenas borboleta
E a flor é apenas flor.

XLI.

No entardecer dos dias de verão, ás vezes,
Ainda que não haja brisa nenhuma, parece
Que passa, um momento, uma leve brisa...
Mas as arvores permanecem immoveis
Em todas as folhas das suas folhas
E os nossos sentidos tiveram uma illusão,
Tiveram a illusão do que lhes agradaria...

Ah, os sentidos, os doentes que vêem e ouvem!
Fossemos nós como deviamos ser
E não haveria em nós necessidade de illusão...
Bastar-nos-ia sentir com clareza e vida
E nem repararmos para que ha sentidos...

Mas graças a Deus que ha imperfeição no mundo
Porque a imperfeição é uma cousa,
E haver gente que erra é original,
E haver gente doente torna o mundo engraçado.
Se não houvesse imperfeição, havia uma cousa a menos.
E deve haver muita cousa
Para termos muito que ver e ouvir...

[7-5-1914]

XLI

No entardecer dos dias de verão, às vezes,
Ainda que não haja brisa nenhuma, parece
Que passa, um momento, uma leve brisa...
Mas as árvores permanecem imóveis
Em todas as *folhas*[75] das suas folhas
E os nossos sentidos tiveram uma ilusão,
Tiveram a ilusão do que lhes agradaria...

Ah, os nossos sentidos, os doentes que vêem e ouvem!
Fôssemos nós como devíamos ser
E não haveria em nós necessidade de ilusão...
Bastar-nos-ia sentir com clareza e vida
E nem repararmos para que há sentidos...

Mas graças a Deus que há imperfeição no mundo
Porque a imperfeição é uma cousa,
E haver gente que erra é *original,*[76]
E haver gente doente torna o mundo *engraçado.*[77]
Se não houvesse imperfeição, havia uma cousa a menos,
E deve haver muita cousa
Para termos muito *que ver e ouvir...*[78]

---

75 Variante sobreposta: «maneiras».

76 Variante ao lado: «diferente».

77 Variante sobreposta: «maior».

78 Variante sobreposta: «enquanto vemos e ouvimos»; variante subposta entre parênteses desta variante (atenda-se à repetição de «enquanto» e à equivalência de sentido que, num acrescento, seria redundância): «Enquanto os olhos e os ouvidos se não fecham». São incorrectas as soluções encontradas tanto por Z/M, como por IC e P/F, que incorporam a variante entre parênteses, tomando-a por acrescento. Em IC, o resultado é este: «Para termos muito, enquanto vemos e ouvimos... / (Enquanto os olhos e os ouvidos se não fecham.)». O mesmo em P/F, mas sem vírgula.

XLII

Passou a diligência pela estrada, e foi-se;
E a estrada não ficou mais bela, nem sequer mais feia.
Assim é a acção humana pelo mundo fora.
Nada tiramos e nada pomos; passamos e esquecemos;
E o sol é sempre pontual todos os dias.

XLIII

Antes o voo da ave, que passa e não deixa rasto,
Que a passagem do animal, que fica lembrada no chão.
A ave passa e esquece, e assim deve ser.
O animal, onde já não está e por isso de nada serve,
Mostra que já esteve, o que não serve para nada.

A recordação é uma traição à Natureza,
Porque a Natureza de ontem não é Natureza.
O que foi não é nada, e lembrar é não ver.

Passa, ave, passa, e ensina-me a passar!

XLIV

Acórdo de noite subitamente,
E o meu relogio occupa a noite toda.
Não sinto a Natureza lá fóra.
O meu quarto é uma cousa escura com paredes vagamente brancas.
Lá fóra ha um socego como se nada existisse.
Só o relogio prosegue o seu ruido.
E esta pequena cousa de engrenagens que está em cima da minha mesa
Abafa toda a existencia da terra e do céu...
Quasi que me perco a pensar o que isto significa,
Mas estaco, e sinto-me sorrir na noite com os cantos da bocca,
Porque a unica cousa que o meu relogio symboliza ou significa
Enchendo com a sua pequenez a noite enorme
É a curiosa sensação de encher a noite enorme
Com a sua pequenez...

[7-5-1914]

XLIV

Acordo de noite subitamente,
E o meu relógio ocupa a noite toda.
Não sinto a Natureza lá fora.
O meu quarto é uma cousa escura com paredes vagamente brancas.
Lá fora há um sossego como se nada existisse.
Só o relógio prossegue o seu ruído.
E esta pequena cousa de engrenagens que está em cima da minha mesa
Abafa toda a existência da terra e do céu...
Quase que me perco a pensar o que isto significa,
Mas *estaco,*[79] e sinto-me sorrir na noite *com os*[80] cantos da boca,
Porque a única cousa que o meu relógio simboliza ou significa
Enchendo com a sua pequenez a noite enorme
É a curiosa sensação de encher a noite enorme
Com a sua pequenez...[81]

---

79 Variante sobreposta: «volto-me».

80 Variante sobreposta: «nos».

81 Pessoa esboça dois versos finais, que, muito provavelmente, não incluiria na versão definitiva do poema, porque quebram a sua cristalina simplicidade e destroem o efeito tautológico que, como habitualmente, visa impedir o significado de transbordar dos limites da coisa real: «E esta sensação é curiosa porque ele não enche a noite / Com a sua pequenez...». Admite uma variante para «ele não enche»: «só para mim é que ele». IC e P/F incluem no poema este esboço de acrescento. Z/M retirou, na última edição, esse acrescento (nitidamente opcional) que incluíra na anterior.

XLV

Um renque de árvores lá longe, lá para a encosta.
Mas o que é um renque de árvores? Há árvores apenas.
Renque e o plural árvores não são cousas, são nomes.

Tristes das almas humanas, que põem tudo em ordem,
Que traçam linhas de cousa a cousa,
Que põem letreiros com nomes nas árvores absolutamente reais,
E desenham paralelos de latitude e longitude
Sobre a própria terra inocente e mais verde e florida do que isso!

XLVI

Deste modo ou daquele modo
Conforme calha ou não calha,
Podendo às vezes dizer o que penso,
E outras vezes dizendo-o mal e com misturas,
Vou escrevendo os meus versos sem querer,
Como se escrever não fosse uma cousa feita de gestos,
Como se escrever fosse uma cousa que me acontecesse
Como dar-me um sol de dentro.[82]

Procuro dizer o que sinto
Sem pensar em que o sinto.
Procuro encostar as palavras à ideia
E não precisar dum corredor
Do pensamento para as palavras.

Nem sempre consigo sentir o que sei que devo sentir.
O meu pensamento só muito devagar atravessa o rio a nado
Porque lhe pesa o fato que os homens o fizeram usar.

Procuro despir-me do que aprendi,

---

82 No seu exemplar de *Athena*, Pessoa corrigiu o artigo «o» antes de «sol» para «um» e encarou substituir «fora» por «dentro», mas sem riscar. Parece correção, mas também pode ser variante.

Procuro esquecer-me do modo de lembrar que me ensinaram,
E raspar a tinta com que me pintaram os sentidos,
Desencaixotar as minhas emoções verdadeiras,
Desembrulhar-me e ser eu, não Alberto Caeiro,
Mas um animal humano que a Natureza produziu.

E assim escrevo, querendo sentir a Natureza, nem sequer como um homem,
Mas como quem sente a Natureza, e mais nada.
E assim escrevo, ora bem, ora mal,
Ora acertando com o que quero dizer, ora errando,
Caindo aqui, levantando-me acolá,
Mas indo sempre no meu caminho como um cego teimoso.

Ainda assim, sou alguém.
Sou o Descobridor da Natureza.
Sou o Argonauta das sensações verdadeiras.
Trago ao Universo um novo Universo
Porque trago ao Universo ele-próprio.

Isto sinto e isto escrevo
Perfeitamente sabedor e sem que não veja
Que são cinco horas do amanhecer
E que o sol, que ainda não mostrou a cabeça
Por cima do muro do horizonte,
Ainda assim já se lhe vêem as pontas dos dedos
Agarrando o cimo do muro
Do horizonte cheio de montes baixos.

XLVII

Num dia excessivamente nítido,
Dia em que dava a vontade de ter trabalhado muito
Para nele não trabalhar nada,
Entrevi, como uma estrada por entre as árvores,
O que talvez seja o Grande Segredo,
Aquele Grande Mistério de que os poetas falsos falam.

Vi que não há Natureza,
Que Natureza não existe,
Que há montes, vales, planícies,
Que há árvores, flores, ervas,
Que há rios e pedras,
Mas que não há um todo a que isso pertença,
Que um conjunto real e verdadeiro
É uma doença das nossas ideias.

A Natureza é partes sem um todo.
Isto é talvez o tal mistério de que falam.

Foi isto o que sem pensar nem parar,
Acertei que devia ser a verdade
Que todos andam a achar e que não acham,
E que só eu, porque a não fui achar, achei.

XLVIII

Da mais alta janela da minha casa
Com um lenço branco digo adeus
Aos meus versos que partem para a humanidade.

E não estou alegre nem triste.
Esse é o destino dos versos.
Escrevi-os e devo mostrá-los a todos
Porque não posso fazer o contrário
Como a flor não pode esconder a cor,
Nem o rio esconder que corre,
Nem a árvore esconder que dá fruto.

Ei-los que vão já longe como que na diligência
E eu sem querer sinto pena
Como uma dor no corpo.

Quem sabe quem os lerá?
Quem sabe a que mãos irão?

Flor, colheu-me o meu destino para os olhos.
Árvore, arrancaram-me os frutos para as bocas.
Rio, o destino da minha água era não ficar em mim.
Submeto-me e sinto-me quase alegre,
Quase alegre como quem se cansa de estar triste.

Ide, ide de mim!
Passa a árvore e fica dispersa pela Natureza.
Murcha a flor e o seu pó dura sempre.
Corre o rio e entra no mar e a sua água é sempre a que foi sua.

Passo e fico, como o Universo.

XLIX

Meto-me para dentro, e fecho a janela.
Trazem o candeeiro e dão as boas-noites,
E a minha voz contente dá as boas-noites.
Oxalá a minha vida seja sempre isto:
O dia cheio de sol, ou suave de chuva,
Ou tempestuoso como se aqui[83] acabasse o mundo,
A tarde suave e os ranchos que passam
Fitados com interesse da janela,
O último olhar amigo dado ao sossego das árvores,
E depois, fechada a janela, o candeeiro aceso,
Sem ler nada, nem pensar em nada, nem dormir,
Sentir a vida correr por mim como um rio por seu leito,
E lá fora um grande silêncio como um deus que dorme.

83 No seu exemplar de *Athena*, Pessoa acrescentou «aqui» antes de «acabasse» e riscou o artigo antes de «mundo», encarando substituí-lo por «todo o», mas riscou essa correção, sem riscar o artigo. Não consta nas edições de Z/M e de IC.

LIVRO II
O pastor amoroso

I

Quando eu não te tinha
Amava a Natureza como um monge calmo a Cristo...
Agora amo a Natureza
Como um monge calmo à Virgem-Maria,
Religiosamente, a meu modo, como dantes,
Mas de outra maneira mais comovida e próxima.
Vejo melhor os rios quando vou contigo
Pelos campos até à beira dos rios;
Sentado a teu lado reparando nas nuvens
Reparo nelas melhor...
Tu não me tiraste a Natureza...
Tu não me mudaste a Natureza...
Trouxeste-me a Natureza para ao pé de mim,
Por tu existires vejo-a melhor, mas a mesma,
Por tu me amares, amo-a do mesmo modo, mas mais,
Por tu me escolheres para te ter e te amar,
Os meus olhos fitaram-na mais demoradamente
Sobre todas as cousas.
Não me arrependo do que fui outrora
Porque ainda o sou.
Só me arrependo de outrora não ter te amado.[1]

1 A Ática reproduziu o texto que, para o efeito dactilografou [67-57r], de que longamente nos servimos através dessa edição e suas derivadas, com erros graves e omissão do último verso.

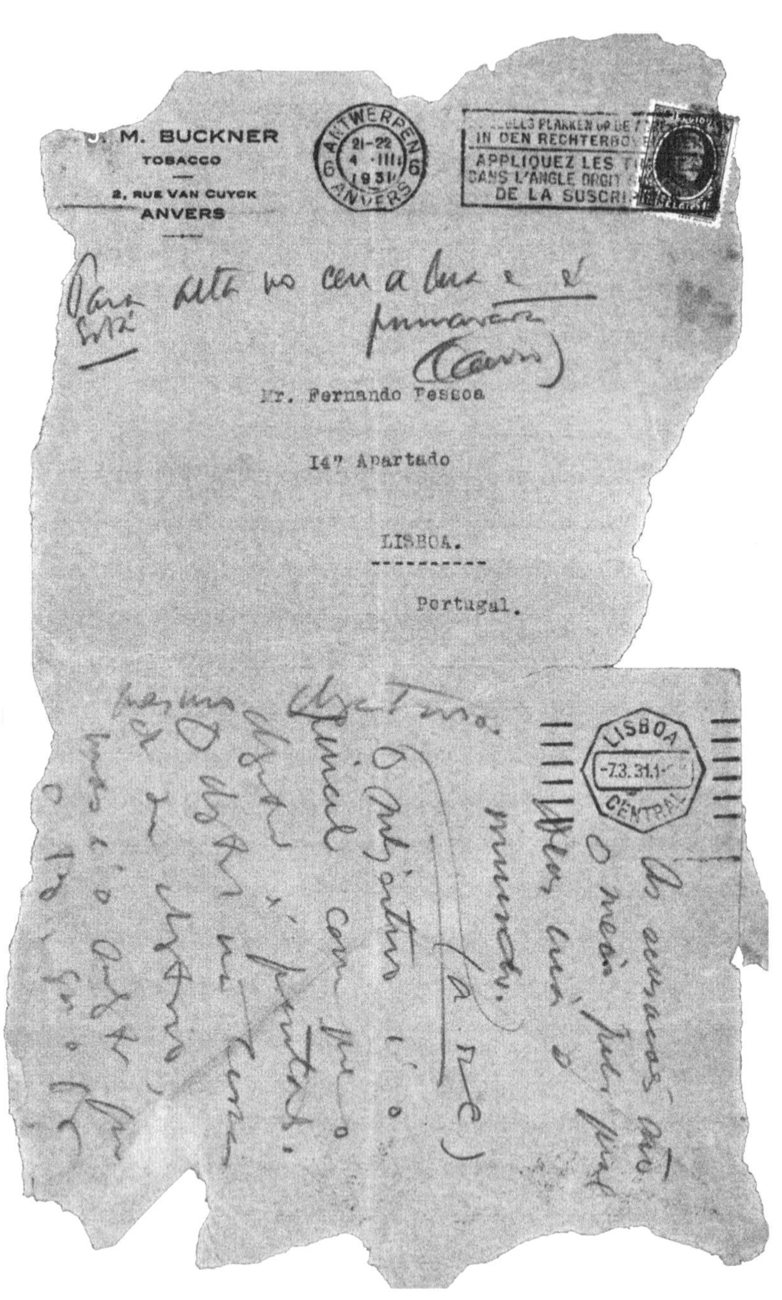

J. M. BUCKNER
TOBACCO
2, RUE VAN CUYCK
ANVERS

ANTWERPEN 21-22 4 · III · 1931 ANVERS

IN DEN RECHTERBOVE…
APPLIQUEZ LES T…
DANS L'ANGLE DROIT …
DE LA SUSCRIP…

Mr. Fernando Pessoa

147 Apartado

LISBOA.

Portugal.

LISBOA -7.3.31 CENTRAL

II

Vai alta no céu a lua da primavera [.] [2]
Penso em ti e dentro de mim estou completo:

Corre pelos vagos campos até mim uma brisa ligeira
Penso em ti, murmuro o teu nome; e[3] não sou eu: sou feliz.

Amanhã virás, andarás comigo a colher flores pelo campo,
E eu andarei contigo pelo campo a ver-te colher flores.

Eu já te vejo amanhã a colher flores comigo pelo campo,
Pois quando vieres amanhã e andares comigo realmente a colher flores,
Isso será uma alegria e uma verdade para mim.[4]

2 Dezassete anos depois, num envelope com carimbo de Antuérpia, de 4 de Março de 1931, coabitando com uma nota em prosa de Álvaro de Campos, «as sensações são o meio pelo qual Deus cria o mundo», ocorre-lhe uma variante a este primeiro verso: «Para (com a variante subposta «Está») alta no céu a lua e é primavera.» (Ver fac-símile.).

3 Pessoa pôs o «e» entre parêntes rectos, sinal de que é opcional.

4 IC e P/F leram "novidade" a antepenúltima palavra.

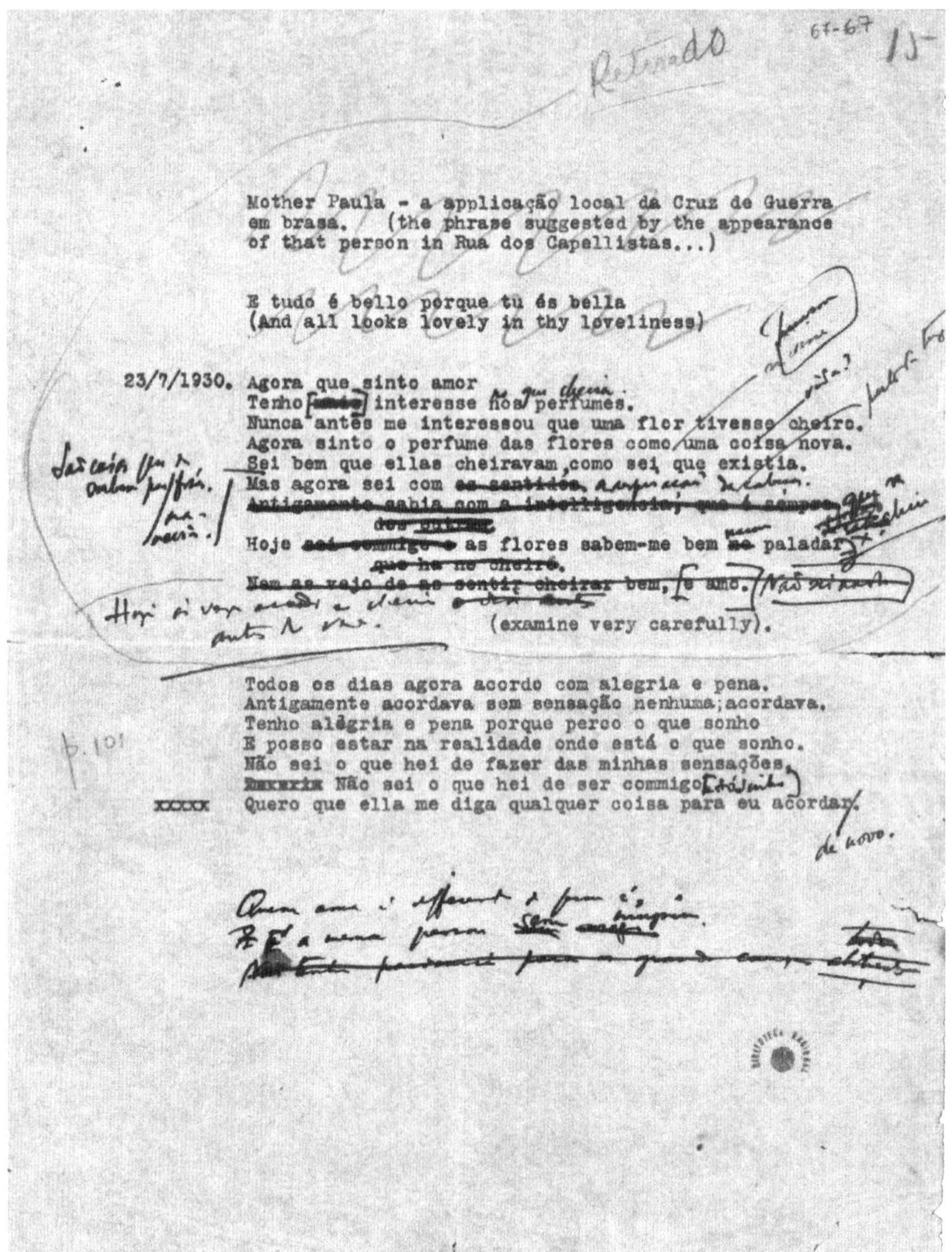

Mother Paula - a applicação local da Cruz de Guerra em brasa. (the phrase suggested by the appearance of that person in Rua dos Capellistas...)

E tudo é bello porque tu és bella
(And all looks lovely in thy loveliness)

23/7/1930. Agora que sinto amor
Tenho interesse nos perfumes.
Nunca antes me interessou que uma flor tivesse cheiro.
Agora sinto o perfume das flores como uma coisa nova.
Sei bem que ellas cheiravam, como sei que existia.
Mas agora sei com
Hoje as flores sabem-me bem paladar.
(examine very carefully).

Todos os dias agora acordo com alegria e pena.
Antigamente acordava sem sensação nenhuma; acordava.
Tenho alegria e pena porque perco o que sonho
E posso estar na realidade onde está o que sonho.
Não sei o que hei de fazer das minhas sensações.
Não sei o que hei de ser commigo
Quero que ella me diga qualquer coisa para eu acordar de novo.

Agora que sinto amor
Tenho interesse *nos perfumes.*[5]
Nunca antes me interessou que uma flor tivesse cheiro.
Agora sinto o perfume das flores como se *visse*[6] uma *coisa*[7] nova.
Sei bem que elas cheiravam, como sei que existia.
São coisas que se sabem por *fora.*[8]
Mas agora sei com a respiração da parte de trás [da] cabeça.
Hoje as flores sabem-me bem num paladar que se cheira.[9]

---

5 Variante sobreposta: «no que cheira».
6 Variante sobreposta: «houvesse». Contrariando o seu princípio, IC não a usa.
7 Variante sobreposta: «vida», interrogada – também não usada por IC. Apesar da interrogação, P/F aproveita-a.
8 Variante subposta: «inocência».
9 Z/M, IC e P/F incluiram no corpo do poema o verso variante «Hoje às vezes acordo e cheiro antes de ver.», adicionado à mão, como se fosse um acrescento, que não deve ser, por resultar repetitivo, em relação à ideia e às palavras usadas. Pessoa anotou posteriormente, à máquina, «(examine very carefully)» – a tinta vermelha, usada também no poema seguinte.

Todos os dias agora acordo com alegria e pena.[10]
Antigamente acordava sem sensação nenhuma; acordava.
Tenho alegria e pena porque perco o que sonho
E posso estar na realidade onde está o que sonho.
Não sei o que hei-de fazer das minhas sensações,
Não sei o que hei-de ser *comigo*.[11]
Quero que ela me diga qualquer coisa para eu acordar de novo.
Quem ama é diferente de quem é,
É a mesma pessoa sem ninguém.

10 IC e P/F juntam este poema ao anterior, apesar da nítida descontinuidade de assunto e até de momento. Este poema foi escrito a vermelho e não a azul, como o anterior.

11 Variante, ao lado, entre parênteses rectos: «sozinho».

[V]

O amor é uma companhia.
Já não sei andar só pelos caminhos,
Porque já não posso andar só.
Um pensamento visível faz-me andar mais depressa
E ver menos, e ao mesmo tempo gostar bem[12] de ir vendo tudo.
Mesmo a ausência dela é uma coisa que está comigo.
E eu gosto tanto dela que não sei como a desejar.
Se a não vejo, imagino-a e sou forte como as árvores altas.
Mas se a vejo tremo, não sei o que é feito do que sinto na ausência dela.
Todo eu sou qualquer força que me abandona.
Toda a realidade olha para mim como um girassol com a cara dela no meio.

---

12 Um sinal entre parênteses, talvez «V» (Ver), parece dubitar o acrescento «bem».

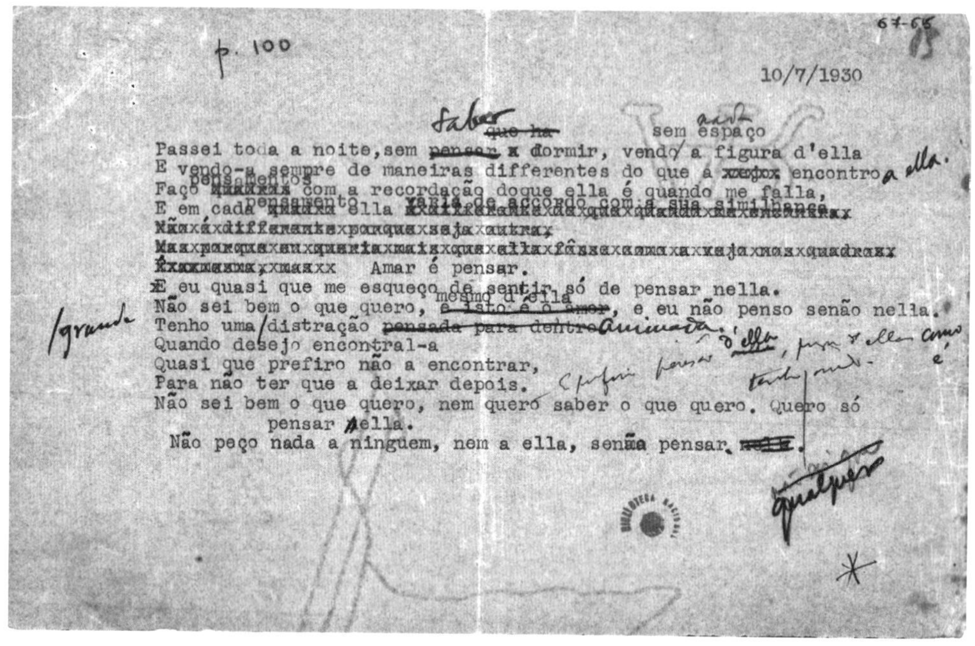

p. 100

10/7/1930

Passei toda a noite, sem ~~pensar~~ dormir, vendo a figura d'ella
E vendo-a sempre de maneiras differentes do que a encontro
Faço pensamentos com a recordação do que ella é quando me falla,
E em cada pensamento ella varia de accordo com a sua similhança.
Amar é pensar.
E eu quasi que me esqueço de sentir só de pensar nella.
Não sei bem o que quero, mesmo d'ella, ~~e isto é o amor~~, e eu não penso senão nella.
Tenho uma distracção ~~pensada para dentro~~ animada.
Quando desejo encontral-a
Quasi que prefiro não a encontrar,
Para não ter que a deixar depois.
Não sei bem o que quero, nem quero saber o que quero. Quero só
pensar nella.
Não peço nada a ninguem, nem a ella, senão pensar.

[VI]

Passei toda a noite, sem saber dormir, vendo sem *espaço*[13] a figura dela
E vendo-a sempre de maneiras diferentes do que a encontro a ela.
Faço pensamentos com a recordação do que ela é quando me fala,
E em cada pensamento ela varia de acordo com a sua semelhança.
Amar é pensar.
E eu quase que me esqueço de sentir só de pensar nela.
Não sei bem o que quero, mesmo dela, e eu não penso senão nela.
Tenho uma grande distracção animada.
Quando desejo encontrá-la
Quase que prefiro não a encontrar,
Para não ter que a deixar depois.
E prefiro pensar dela, porque dela como é tenho qualquer medo.
Não sei bem o que quero, nem quero saber o que quero. Quero só pensar ela.[14]
Não peço nada a ninguém, nem a ela, senão pensar.

13 Variante sobreposta: «nada».

14 O autor dactilografou «só pensar nela», riscando posteriormente o «n» de «nela», para a tornar mais presente com esta construção transitiva do verbo: «pensar ela». No verso anterior, corrigiu «nela», de «pensar nela», para «dela».

CENTRAL 9566

TELEPHONE: CITY 0946-7
CODES: A B C 5TH, 6TH EDITIONS & BENTLEY

TO

F. & E. STONEHAM, LTD.,
THE CITY BOOKSELLERS.
79 CHEAPSIDE, LONDON, E.C.2,
ENGLAND

Please send the following books
and charge to my account,
for which I enclose remittance

Name

Address

Price

[illegible]

[illegible]

Carried Forward

[VII]

Eu não sei falar porque estou a sentir.
Estou a escutar a minha voz como se fosse de outra pessoa,
E a minha voz fala dela como se ela é que falasse.
Tem o cabelo de um louro amarelo de trigo ao sol claro,
E a boca quando fala diz cousas que não só as palavras.
Sorri, e os dentes são limpos como pedras do rio.[15]

15 Nem IC, nem Z/M, nem P/F, nem eu, em *Pessoa por Conhecer*, onde o poema foi publicado pela primeira vez, em 1990, considerámos esta estrofe um poema à parte, separado do que está no recto da folha, visto que foi separada das anteriores por uma frase atribuída a Ricardo Reis («A figura do mundo antigo, e a homenagem da infância ao Destino.»), correspondente a outro momento de escrita.

Price

Caeiro ? 18/XI/1929

O pastor amoroso

Talvez quem vê bem não sirva para sentir
E não agrade por estar muito antes das maneiras.
É preciso ter modos para todas as coisas,
E cada coisa tem o seu modo, e o amor também.
Quem tem o modo de ver os campos pelas hervas
Não deve ter a cegueira que faz sentir.
Amei, e não fui amado, o que só vi no fim,
Porque não se é amado como se nasce senão como acontece.
Ella continúa tão bonita de cabello e bocca como dantes,
E eu continuo como era dantes, sósinho no campo.
Como se estivesse estado de cabeça baixa,
Penso isto, e fico de cabeça alta
E o doirado sol secca as lagrimas [illegible]

[VIII]

Talvez quem vê bem não sirva para sentir
E não agrade por estar muito antes das maneiras.
É preciso ter modos para todas as cousas,
E cada cousa tem o seu modo, e o amor também.
Quem tem o modo de ver os campos pelas ervas
Não deve ter a cegueira que faz fazer sentir.
Amei, e não fui amado, o que só vi no fim,
Porque não se é amado como se nasce mas como acontece.
Ela continua tão bonita de cabelo e boca como dantes,
E eu continuo como era dantes, sozinho no campo.
Como se tivesse estado de cabeça baixa,
Penso isto, e fico de cabeça alta
E o directo[16] sol *seca*[17] *as lágrimas pequenas*[18] que não posso deixar de ter.

Como o campo é *grande*[19] e o amor *pequeno*![20]
Olho, e esqueço, como *o mundo enterra*[21] e as árvores *se despem.*[22]

---

16 Z/M lê esta mal esboçada palavra «dourado» (improvável!), IC, «grande» (inaceitável). P/F não lêem nem assinalam a lacuna. Proponho «directo», plausível...

17 Variante sobreposta: «queima».

18 Variante ao lado: «a vontade de lágrimas».

19 Variante sobreposta: «vasto».

20 Variante sobreposta: «interior».

21 Variantes: a «o mundo enterra», «a água seca»; variante a «o mundo», «a gente».

22 Variantes: sobreposta, «se desfolham»; subposta, «emagrecem». Variante a todo o verso, a partir de «como»: «seca onde foi água e nas árvores desfolham» - que IC e P/F, seguindo o seu método, incorporam, produzindo o monstruoso verso: «Olho, e esqueço, como seca onde foi água e nas árvores desfolha.» Se Pessoa tivesse cuidado esta casual variante, que jamais preferiria ao verso corrido, ao passar a limpo o poema, teria, pelo menos, cuidado as concordâncias gramaticais.

O pastor amoroso perdeu o cajado,
E as ovelhas tresmalharam-se pela encosta,
E, de tanto pensar, nem tocou a flauta que trouxe para tocar.
Ninguém lhe apareceu ou desapareceu. Nunca mais encontrou o cajado.
Outros, praguejando contra ele, recolheram-lhe as ovelhas.
Ninguém o tinha amado, afinal.
Quando se ergueu da encosta e da verdade falsa, viu tudo:
Os grandes vales cheios dos mesmos vários verdes de sempre[,]
As grandes montanhas longe, mais reais que qualquer sentimento,
A realidade toda, com o céu e o ar e os campos que *existem*,[23]
E sentiu que de novo o ar lhe abria, mas com dor, uma liberdade no peito.[24]

23 Variante subposta: «estão presentes».

24 Variante do último verso: a sua primeira versão, posteriormente posta entre parênteses: «E de novo o ar, que lhe faltara tanto tempo, lhe entrou fresco nos pulmões.» Não usada por IC e P/F.

LIVRO III

Andaime

poemas inconjuntos

[1]

Passar a limpo a matéria
Repor no seu lugar as cousas que os homens desarrumaram
Por não perceberem para que *serviam*[1]
Endireitar, como uma boa dona de casa da Realidade,
As cortinas nas janelas da *matéria*[2]
E os capachos às portas da Percepção
Varrer os quartos da observação
E limpar o pó das ideias simples
Eis a minha vida, verso a verso.

1 Variante sobreposta: «servem».
2 Variante sobreposta: «Sensação».

[2]

O que vale a minha vida? No fim (não sei que fim)
Um diz: ganhei trezentos contos,
Outro diz: tive três mil dias de glória,
Outro diz: estive bem com a minha consciência e isso é bastante...
E eu, se lá aparecer e me perguntarem o que fiz,
Direi: olhei para as cousas e mais nada.
E por isso trago aqui o Universo dentro da algibeira.
E se *me perguntarem*:[3] E o que viste tu nas cousas?
Respondo: apenas as cousas... Tu não puseste lá mais nada.
E Deus, que *é da mesma opinião*,[4] fará de mim uma nova espécie de santo.

3 Variante sobreposta: «Deus me perguntar».
4 Variante sobreposta: «apesar de tudo é esperto».

[3]

Aceita o universo
Como to deram os deuses.
Se os deuses te quisessem dar outro
Ter-t'O-iam[5] dado.

Se há outras matérias e outros mundos –
Haja.

5 Pessoa maiusculou o pronome «O», embora o não tenha feito com «universo», a que se refere.

[4]

A espantosa realidade das coisas[6]
É a minha descoberta de todos os dias.
Cada coisa é o que é,
E é difícil explicar a alguém quanto isso me alegra,
E quanto isso me basta.

Basta existir para se ser completo.

Tenho escrito bastantes poemas.
Hei-de escrever muitos mais, naturalmente.
Cada poema meu diz isto,
E todos os meus poemas são diferentes,
Porque cada coisa que há é uma maneira de dizer isto.

Às vezes ponho-me a olhar para uma pedra.
Não me ponho a pensar se ela sente.
Não me perco a chamar-lhe minha irmã.
Mas gosto dela por ela ser uma pedra,
Gosto dela porque ela não sente nada,
Gosto dela porque ela não tem parentesco nenhum comigo.

Outras vezes oiço passar o vento,
E acho que só para ouvir passar o vento vale a pena ter nascido.

Eu não sei o que é que os outros pensarão lendo isto;
Mas acho que isto deve estar bem porque o penso sem esforço,
Nem ideia de outras pessoas a ouvir-me pensar;
Porque o penso sem pensamentos,
Porque o digo como as minhas palavras o dizem.

Uma vez chamaram-me poeta materialista,
E eu admirei-me, porque não julgava
Que se me pudesse chamar qualquer coisa.
Eu nem sequer sou poeta: vejo.
Se o que escrevo tem valor, não sou eu que o tenho:
O valor está ali, nos meus versos.
Tudo isso é absolutamente independente da minha vontade.

---

6 Não alterei «coisas» para «cousas», como Pessoa escreve habitualmente, inclusive no poema anterior.

[5]

Quando tornar a vir a primavera
Talvez já não me encontre no mundo.
Gostava agora de poder julgar que a primavera é gente
Para poder supor que ela choraria,
Vendo que perdera o seu único amigo.
Mas a primavera nem sequer é uma coisa:
É uma maneira de dizer.
Nem mesmo as flores tornam, ou as folhas verdes.
Há novas flores, novas folhas verdes.
Há outros dias suaves.
Nada torna, nada se repete, porque tudo é real.

[6]

Se eu morrer novo,
Sem poder publicar livro nenhum,
Sem ver a cara que têm os meus versos em letra impressa,
Peço que, se se quiserem ralar por minha causa,
Que não se ralem.
Se assim aconteceu, assim está certo.

Mesmo que os meus versos nunca sejam impressos,
Eles lá terão a sua beleza, se forem belos.
Mas eles não podem ser belos e ficar por imprimir,
Porque as raízes podem estar debaixo da terra
Mas as flores florescem ao ar livre e à vista.
Tem que ser assim por força. Nada o pode impedir.

Se eu morrer muito novo, oiçam isto:
Nunca fui senão uma criança que brincava.
Fui gentio como o sol e a água,
De uma religião universal que só os homens não têm.
Fui feliz porque não pedi coisa nenhuma,
Nem procurei achar nada,
Nem achei que houvesse mais explicação
Que a palavra explicação não ter sentido nenhum.

Não desejei senão estar ao sol ou à chuva –
Ao sol quando havia sol
E à chuva quando estava chovendo
(E nunca a outra coisa),
Sentir calor e frio e vento,
E não ir mais longe.

Uma vez amei, julguei que me amaria,[7]
Mas não fui amado.
Não fui amado pela única grande razão –
Porque não tinha que ser.

Consolei-me voltando só ao sol e à chuva,
E sentando-me outra vez à porta de casa.
Os campos, afinal, não são tão verdes para os que são amados
Como para os que o não são.
Sentir é estar distraído.

---

7 No exemplar pessoal de *Athena*, Pessoa cortou o «m» de «amariam» e acrescentou «só» – infelizmente, parece-me! – ao escorreito verso: «voltando ao sol e à chuva», quatro linhas adíante.

[7]

Quando vier a primavera,
Se eu já estiver morto,
As flores florirão da mesma maneira
E as árvores não serão menos verdes que na primavera passada.
A realidade não precisa de mim.

Sinto uma alegria enorme
Ao pensar que a minha morte não tem importância nenhuma.

Se soubesse que amanhã morria
E a primavera era depois de amanhã,
Morreria contente, porque ela era depois de amanhã.[8]
Se esse é o seu tempo, quando havia ela de vir senão no seu tempo?
Gosto que tudo seja real e que tudo esteja certo;
E gosto porque assim seria, mesmo que eu não gostasse.
Por isso, se morrer agora, morro contente,
Porque tudo é real e tudo está certo.

Podem rezar latim sobre o meu caixão, se quiserem.
Se quiserem, podem dançar e cantar à roda dele.
Não tenho preferências para quando já não puder ter preferências.
O que for, quando for, é que será o que é.

8 Nos versos 9 e 10 corrigi a gralha impressa na *Athena*, «manhã» em vez de «amanhã», como Pessoa no seu exemplar.

[8]

Se, depois de eu morrer, quiserem escrever a minha biografia,
Não há nada mais simples.
Tem só duas datas – a da minha nascença e a da minha morte.
Entre uma e outra cousa todos os dias são meus.

Sou fácil de definir.
Vi como um danado.
Amei as coisas sem sentimentalidade nenhuma.
Nunca tive um desejo que não pudesse realizar, porque nunca ceguei.
Mesmo ouvir nunca foi para mim senão um acompanhamento de ver.
Compreendi que as coisas são reais e todas diferentes umas das outras;
Compreendi isto com os olhos, nunca com o pensamento.
Compreender isto com o pensamento seria achá-las todas iguais.

Um dia deu-me o sono como a qualquer criança.
Fechei os olhos e dormi.
Além disso, fui o único poeta da Natureza.

[9]

Nunca sei como é que se pode achar um poente triste.
Só se é por um poente não ser uma madrugada.
Mas se ele é um poente, como é que ele havia de ser uma madrugada?

[10]

Um dia de chuva é tão belo como um dia de sol.
Ambos existem, cada um como é.

[11]

Quando a erva crescer em cima da minha sepultura,
Seja esse o sinal para me esquecerem de todo.
A Natureza nunca se recorda, e por isso é bela.
E se tiverem a necessidade *doentia*[9] de «interpretar» a erva verde sobre a minha sepultura,
Digam que eu continuo a verdecer e a ser natural.

9 Variante sobreposta: «doente».

[12]

É noite. A noite é muito escura. Numa casa a uma grande distância
Brilha a luz duma janela.
Vejo-a, e sinto-me humano dos pés à cabeça.
É curioso que toda a vida do indivíduo que ali mora, e que não sei quem é,
Atrai-me só por essa luz vista de longe.
Sem dúvida que a vida dele é real e ele tem cara, gestos, família e profissão.
Mas agora só me importa a luz da janela dele.
Apesar de a luz estar ali por ele a ter acendido,
A luz é a realidade *imediata para*[10] mim.
Eu nunca passo para além da realidade imediata.
Para além da realidade imediata não há nada.
Se eu, de onde estou, só vejo aquela luz,
Em relação à distância onde estou há só aquela luz.
O homem e a família dele são reais do lado de lá da janela.
Eu estou do lado de cá, a uma grande distância.
A luz apagou-se.
Que me importa que o homem continue a existir?
É só ele que continua a existir.

10 Variante sobreposta: «que está defronte de».

[13]

Falas de civilização, e de não dever ser,
Ou de não dever ser assim.
Dizes que todos sofrem, ou a maioria de todos,
Com as cousas humanas postas desta maneira.
Dizes que se fossem diferentes, sofreriam menos.
Dizes que se fossem como tu queres, seria melhor.
Escuto sem te ouvir.
Para que te quereria eu ouvir?
Ouvindo-te nada ficaria sabendo.
Que tenho eu com o que deveria ser?
O que deve ser não *existe*.[11]
Se as cousas fossem diferentes, seriam diferentes: eis tudo.
Se as cousas fossem como tu queres, seriam só como tu queres.
Ai de ti e de todos que levam a vida
A querer inventar a máquina de fazer felicidade!

---

11 Variante subposta: «é o que não é [variante subposta de *é*: há]». Os versos 10 e 11 foram acrescentados pelo autor no seu número da revista *Athena*.

[14]

Todas as teorias, todos os poemas
Duram mais que esta flor
Mas isso é como o nevoeiro, que é desagradável e húmido,
E mais que esta flor...
O tamanho ou duração não têm importância nenhuma...
São apenas tamanho e duração...
O que importa é aquilo que dura e tem *dimensões*...[12]
(A verdadeira dimensão é a realidade)[13]
Ser real é a *cousa mais*[14] nobre do mundo.

---

12 Variante sobreposta: «tamanho».

13 Os parênteses deste penúltimo verso podem ser sinal de omissão admissível – de facto, o poema ganha com isso. Z/M, IC e P/F leram a primeira palavra «Se», o que torna a frase condicional e, por isso, improvável.

14 Variante sobreposta: «única cousa».

[15]

Leram-me hoje S. Francisco de Assis.
Leram-me e pasmei.
Como é que um homem que gostava tanto das cousas,
Nunca olhava para elas, não sabia o que elas eram?

Para que hei-de eu chamar minha irmã à água, se ela não é minha irmã?
Para a sentir melhor?
Sinto-a melhor bebendo-a do que chamando-lhe qualquer cousa – Irmã, ou mãe, ou filha.
A água é a água, e é bela por isso.
Se eu lhe chamar minha irmã,
Ao chamar-lhe minha irmã, vejo que o não é
E que se ela é a água o melhor é chamar-lhe água;
Ou, melhor ainda, não lhe chamar cousa nenhuma,
Mas bebê-la, senti-la nos pulsos, olhar para ela
E isto sem nome nenhum.

[16]

Sempre que penso uma cousa, traio-a.
Só tendo-a diante de mim devo pensar nela,
Não pensando, mas vendo,
Não com o pensamento, mas com os olhos.
Uma cousa que é visível existe para se ver,
E o que existe para os olhos não tem que existir para o pensamento;
Só existe directamente para o pensamento [s]e não para os olhos.[15]
Olho, e as cousas existem.
Penso e existo só eu.

15 O verso, perfeitamente legível, parece em contradição com o anterior. Z/M trocou «pensamento» por «olhos» e «olhos» por «pensamento», o que não me parece convincente. Prefiro admitir que o verbo «existir» está implícito em relação a «olhos»: quereria Pessoa escrever «Só existe realmente para o pensamento se não [existir] para os olhos»?

[17]

Eu queria ter o tempo e o sossego suficientes
Para não pensar em cousa nenhuma,
Para nem me sentir viver,
Para só saber de mim nos olhos dos outros, reflectido.

[18]

A manhã raia. Não: a manhã não raia.
A manhã é uma cousa abstracta, isto é, não é uma cousa.
Começamos a ver o sol, a esta hora, aqui.
Se o sol matutino dando nas árvores é belo,
É tão belo se chamarmos à manhã «começarmos a ver o sol»
Como o é se lhe chamarmos a manhã,
Por isso não há vantagem em pôr nomes errados às cousas,
Nem mesmo em lhes pôr nomes alguns.

[19]

No dia brancamente nublado entristeço quase a medo
E ponho-me a meditar nos problemas que finjo...[16]

Se o homem fosse, como deveria ser,
Não um animal doente, mas o mais perfeito dos animais,
Animal directo e não indirecto,
Devia ser outra a sua forma de encontrar um sentido às cousas,
Outra e verdadeira.
Devíamos[17] haver adquirido um *sentido* do «conjunto»;
Um sentido, como ver e ouvir, do «total» das cousas
E não, como temos, um pensamento do «conjunto»,
E não, como temos, uma *ideia* do «total» das cousas.
E assim – veríamos – não teríamos noção de *conjunto* ou de *total*,
Porque o *sentido* de «total» ou de «conjunto» não seria de um «total» ou de um
«conjunto»
Mas da verdadeira natureza talvez nem todo nem partes.

O único mistério do Universo é o mais e não o menos.
Percebemos demais as cousas – eis o erro e a dúvida.
O que existe transcende para baixo o que julgamos que existe.
A Realidade é apenas real e não pensada.

O Universo não é uma ideia minha.[18]
A minha ideia do Universo é que é uma ideia minha.
A noite não anoitece pelos meus olhos,
A minha ideia da noite é que anoitece por meus olhos.
Fora de eu pensar e de haver quaisquer pensamentos
A noite anoitece concretamente
E o fulgor das estrelas existe como se tivesse peso.

Assim como falham as palavras quando queremos exprimir qualquer pensamento,
Assim falham os pensamentos quando queremos pensar qualquer realidade.
Mas, como a essência do pensamento não é ser dito mas ser pensado,

16 O segundo verso está dubitado, talvez porque o acto de «fingir» se não adequa a Caeiro, que nunca é, como Pessoa, «um fingidor». Por isso, como refiro na nota final, antepôs um ponto de interrogação à atribuição inicial a Caeiro.

17 Z/M lê «Devia», a que a brevidade da palavra inclina; contudo impõe-se «Devíamos», como o confirma o uso da 1ª pessoa do plural no verbo seguinte: «temos» – o que, aliás, é também provado pelo pronome «nós», riscado, no início da frase.

18 Embora não haja nenhuma separação explícita, apenas um largo espaço, que não é habitual Pessoa desaproveitar, admito que este texto corresponda a dois poemas, um no recto da página outro no verso, a partir de «O Universo não é uma ideia minha». A descontinuidade das ideias, girando o primeiro em torno da recusa de toda e qualquer transcendência, justificaria essa separação. Admito, contudo, que esteja a enunciar outro dos «problemas» referidos no início.

Assim é a essência da realidade o existir, não o ser pensada.
Assim tudo o que existe, simplesmente existe.
O resto é uma espécie de sono que temos,
Uma velhice que nos acompanha desde a infância da doença.

O espelho reflecte certo; não erra porque não pensa.
Pensar é essencialmente errar.
Errar é essencialmente estar cego e surdo.

Estas verdades não são perfeitas porque são ditas,
E antes de ditas, pensadas:
Mas no fundo o que está certo é elas negarem-se a si próprias
Na negação afirmativa[19] de afirmarem qualquer cousa.
A única afirmação é ser.
E só o afirmativo é o que não precisa de mim.

19 Z/M lê «oposta», mas deve ser «afirmativa» (compare-se com a mesma palavra escrita dois versos adiante): o aparente paradoxo está de acordo com o verso anterior.

[20]

A criança que pensa em fadas e acredita nas fadas
Age como um deus doente, mas como um deus.
Porque embora afirme que existe o que não existe,
Sabe como é que as cousas existem, que é *que existem*,[20]
Sabe que existir existe e não se explica,
Sabe que não há razão nenhuma para nada existir,
Sabe que ser é estar em um ponto
Só não sabe que o pensamento não é um ponto qualquer.[21]

20 Variante subposta: «existindo». Apesar de «que é» estar claramente escrito, este é um dos raros casos em que a variante melhora a expressão.

21 O último verso está dubitado.

[21]

De longe vejo passar no rio um navio...
Vai Tejo abaixo indiferentemente.
Mas não é indiferentemente por não se importar comigo
E eu não exprimir desolação com isto...
É indiferentemente por não ter sentido nenhum
Exterior ao facto isoladamente navio
De ir rio abaixo sem licença da metafísica –
Rio abaixo até à realidade do mar.

[22]

A noite desce, o calor soçobra um pouco.
Estou lúcido como se nunca tivesse pensado
E tivesse raiz, ligação directa com a terra,
Não esta espúria ligação do sentido secundário chamado a vista,
A vista por onde me separo das cousas,
E me aproximo das estrelas e das cousas distantes –
Erro: porque o distante não é o próximo,
E aproximá-lo é enganar-se.

[23]

Quando está frio no tempo do frio, para mim é como se estivesse agradável,
Porque para o meu ser adequado à existência das cousas
O natural é o agradável só por ser natural.

Aceito as dificuldades da vida porque são o destino,
Como aceito o frio excessivo no alto do inverno –
Calmamente, sem me queixar, como quem meramente aceita,
E encontra uma alegria no facto de aceitar –
No facto sublimemente científico e difícil de aceitar o natural inevitável.

Que são para mim as doenças que tenho e o mal que me acontece
Senão o inverno da minha pessoa e da minha vida?
O inverno irregular, cujas leis de aparecimento desconheço,
Mas que existe para mim em virtude da mesma fatalidade sublime,
Da mesma inevitável exterioridade a mim,
Que o calor da terra no alto do verão
E o frio da terra no cimo do inverno.

Aceito por personalidade.
Nasci sujeito como os outros a erros e a defeitos,
Mas nunca ao erro de querer compreender demais,
Nunca ao erro de querer compreender só com a inteligência,
Nunca ao defeito de exigir do mundo
Que fosse qualquer cousa que não fosse o mundo.

[24]

Seja o que for que esteja no centro do mundo,
Deu-me o mundo exterior por exemplo de Realidade,
E quando digo «isto é real», mesmo de um sentimento,
Vejo-o sem querer em um espaço qualquer exterior,
Vejo-o como[22] uma visão qualquer fora e alheio a mim.

Ser real quer dizer não estar dentro de mim.
Da minha pessoa de dentro não tenho noção de realidade.
Sei que o mundo existe, mas não sei se existo.
Estou mais certo da existência da minha casa branca
Do que da existência interior do dono da casa branca.
Creio mais no meu corpo do que na minha alma,
Porque o meu corpo apresenta-se no meio da realidade,
Podendo ser visto por outros,
Podendo tocar em outros,
Podendo sentar-se e estar de pé,
Mas a minha alma só pode ser definida por termos de fora.
Existe para mim – nos momentos em que julgo que efectivamente existe –
Por um empréstimo da realidade exterior do Mundo.

Se a alma é mais real
Que o mundo exterior, como tu, filósofo, dizes,
Para que é que o mundo exterior me foi dado como tipo da realidade?
Se é mais certo eu sentir
Do que existir a cousa que sinto –
Para que sinto
E para que surge essa cousa independentemente de mim
Sem precisar de mim para existir,
E eu sempre ligado a mim próprio, sempre pessoal e intransmissível?
Para que me movo com os outros
Em um mundo em que nos entendemos e onde coincidimos
Se por acaso esse mundo é o erro e eu é que estou certo?
Se o mundo é um erro, é um erro de toda a gente.
E cada um de nós é o erro de cada um de nós apenas.
Cousa por cousa, o mundo é mais certo.

Mas por que me interrogo, se não porque estou doente?

---

22 No texto «com», por aparente lapso.

Nos dias certos, nos dias exteriores da minha vida,
Nos meus dias de perfeita lucidez natural,
Sinto sem sentir que sinto,
Vejo sem saber que vejo,
E nunca o Universo é tão real como então,
Nunca o Universo está[23] tão sublimemente não-meu.

Quando digo «é evidente», quero acaso dizer «só eu é que o vejo»?
Quando digo «é verdade», quero acaso dizer «é minha opinião»?
Quando digo «ali está»[,] quero acaso dizer «não está ali»?
E se isto é assim na vida, por que será diferente na filosofia?
Vivemos antes de filosofar, existimos antes de o sabermos,
E o primeiro facto merece ao menos a precedência e o culto.
Sim, antes de sermos interior somos exterior.
Por isso somos exterior essencialmente.

Dizes, filósofo doente, filósofo enfim, que isto é materialismo.
Mas isto como pode ser materialismo, se materialismo é uma filosofia,
Se uma filosofia seria, pelo menos sendo minha, uma filosofia minha,
E isto nem sequer é meu, nem sequer sou eu?

23 Pessoa acrescentou, entre parênteses, significando que esse acrescento é opcional, «(não é perto ou longe de mim, / Mas)», que omiti, aceitando a sua proposta, por sobrecarregar e obscurecer o verso, e não haver continuidade na frase depois da adversativa «mas».

[25]

A guerra que aflige com os seus esquadrões o mundo,
É o tipo perfeito do erro da filosofia.

A guerra, como tudo humano, quer alterar.
Mas a guerra, mais do que tudo, quer alterar e alterar muito
E alterar depressa.

Mas a guerra inflige a morte.
E a morte é o desprezo do universo por nós.
Tendo por consequência a morte, a guerra prova que é falsa.
Sendo falsa, prova que é falso todo o querer-alterar.

Deixemos o universo exterior e os outros homens onde a Natureza os pôs.
Tudo é orgulho e inconsciência.
Tudo é querer mexer-se, fazer cousas, deixar rasto.
Para o coração e o comandante dos esquadrões
Regressa aos bocados ao universo exterior.

A química directa da natureza
Não deixa lugar vago para o pensamento.
A humanidade é uma revolta de escravos.
A humanidade é um governo usurpado pelo povo.
Existe porque usurpou, mas erra porque usurpar é não ter direito.

Deixai existir o mundo exterior e a humanidade natural!
Paz a todas as cousas pré-humanas, mesmo no homem.
Paz à essência inteiramente exterior do Universo!

[26]

Todas as opiniões que há sobre a Natureza
Nunca fizeram crescer uma erva ou nascer uma flor.
Toda a sabedoria a respeito das cousas
Nunca foi cousa em que pudesse pegar, como nas cousas.
Se a ciência quer ser verdadeira,
Que ciência mais verdadeira que a das cousas sem ciência?
Fecho os olhos e a terra dura sobre que me deito
Tem uma realidade tão real que até as minhas costas a sentem.
Não preciso de raciocínio onde tenho espáduas.

[27]

Navio que partes para longe,
Por que é que, ao contrário dos outros,
Não fico, depois de desapareceres, com saudades de ti?
Porque quando te não vejo, deixaste de existir.
E se se tem saudades do que não existe,
Sente-se em relação a cousa nenhuma,
Não é do navio, é de nós, que sentimos saudades.

[28]

Pouco a pouco o campo se alarga e se doura.
A manhã extravia-se pelos irregulares da planície.
Sou alheio ao espectáculo que vejo: vejo-o.
É exterior a mim. Nenhum sentimento me liga a ele,
E é esse o sentimento que me liga à manhã que aparece.

[29]

Última estrela a desaparecer antes do dia,
Pouso no teu trémulo azular branco os meus olhos calmos,
E vejo-te independentemente de mim,
Alegre pela vitória que tenho em poder ver-te
Sem «estado de alma» nenhum, salvo ver-te.
A tua beleza para mim está em existires.
A tua grandeza está em existires inteiramente[24] fora de mim.

24 Sinal de dubitação sob a palavra.

[30]

A água chia no púcaro que elevo à boca.
«É um som fresco» diz-me quem me dá a bebê-la.
Sorrio. O som é só um som de chiar.
Bebo a água sem ouvir nada *na*[25] minha garganta.

25 Variante subposta: «com a».

[31]

O que ouviu os meus versos disse-me: que tem isso de novo?
Todos sabem que uma flor é uma flor e uma árvore é uma árvore.
Mas eu respondi, nem todos, ninguém.
Porque todos amam as flores por serem belas, e eu sou diferente.
E todos amam as árvores por serem verdes e darem sombra, mas eu não.
Eu amo as flores por serem flores, directamente.
Eu amo as árvores por serem árvores, sem o meu pensamento.

[32]

Ontem o pregador de verdades dele
Falou outra vez comigo.
Falou do sofrimento das classes que trabalham
(Não do das pessoas que sofrem, que é afinal quem sofre).
Falou da injustiça de uns terem dinheiro,
E de outros terem fome, que não sei se é fome de comer,
Ou se é só fome da sobremesa alheia.
Falou de tudo quanto pudesse fazê-lo zangar-se.

Que feliz deve ser quem pode pensar na infelicidade dos outros!
Que estúpido se não sabe que a infelicidade dos outros é deles,
E não se cura de fora,
Porque sofrer não é ter falta de tinta
Ou o caixote não ter aros de ferro!

Haver injustiça é como haver morte.
Eu nunca daria um passo para alterar
Aquilo a que chamam a injustiça do mundo.
Mil passos que desse para isso
Eram só mil passos.
Aceito a injustiça como aceito uma pedra não ser redonda,
E um sobreiro não ter nascido pinheiro ou carvalho.

Cortei a laranja em duas, e as duas partes não podiam ficar iguais.[26]
Para qual fui injusto – eu, que as vou comer a ambas?

26 Acrescentei o ponto final, ausente, por lapso, em *Athena*.

[33]

O quê? Valho mais que uma flor
Porque ela não sabe que tem cor e eu sei,
Porque ela não sabe que tem perfume e eu sei,
Porque ela não tem consciência de mim e eu tenho consciência dela?

Mas para que me comparar com uma flor, se eu sou eu
E a flor é a flor?

Ah, não comparemos coisa nenhuma; olhemos.
Deixemos analogias, metáforas, símiles.
Comparar uma coisa com outra é esquecer essa coisa.
Nenhuma coisa lembra outra se repararmos para ela.
Cada coisa só lembra o que é
E só é o que nada mais é.
Separa-a de todas as outras o *abismo de ser*[27] ela.[28]
Tudo é nada ser outra coisa que não é.[29]

Mas o que tem uma coisa com a outra
Para que seja superior ou inferior a ela?
Sim[,] tenho consciência da planta e ela não a tem de mim.
Mas se a forma da consciência é ter consciência, que há nisso?
A planta, se falasse, podia dizer-me: e o teu perfume?
Podia dizer-me: tu tens consciência porque ter consciência é uma qualidade humana
E *eu não*[30] tenho consciência porque sou flor, não sou homem.
Tenho perfume e tu não tens, porque sou flor.[31]

---

27 Variante sobreposta: «facto de que é». Z/M, contrariamente ao habitual, inseriram a variante na linha corrida.

28 Pessoa acrescenta, entre parênteses, o que tanto pode ser um acrescento, opcional: «E as outras não serem ela», como uma variante a «ser ela», mas sobrando, neste caso o «E» inicial. Optei por não incluir este verso por Pessoa ter posto ponto final no anterior.

29 Verso entre parênteses rectos, que parecem pôr em causa ou a sua redacção ou a sua inclusão no poema.

30 O autor, por lapso, inseriu na entrelinha a palavra «não» antes de «eu», e não depois, como se impõe.

31 Articulei diferentemente de Z/M, IC e P/F as estrofes do poema. Iniciei-o, como Z/M, a dois terços da página, a seguir ao traço corrido que separa esta estrofe do que vem antes. Fiz continuar o poema nos dois terços anteriores da página, contrariamente a Z/M, que o continua no verso e o retoma depois nesses dois terços da página anterior. Razão do poeta para começar o poema no terço final da página? Talvez só então se tenha dado conta de que o poema não devia começar com uma adversativa e decidiu criar-lhe outro início, separando-o com um traço corrido das estrofes já escritas. IC e P/F iniciam o poema com a estrofe no alto da página, não os incomodando que comece com uma adversativa: «Mas para que comparar», sem nomear sequer o risco que separa estes dois terços do resto do poema na mesma página. (Ver fac-símiles nas duas páginas seguintes)

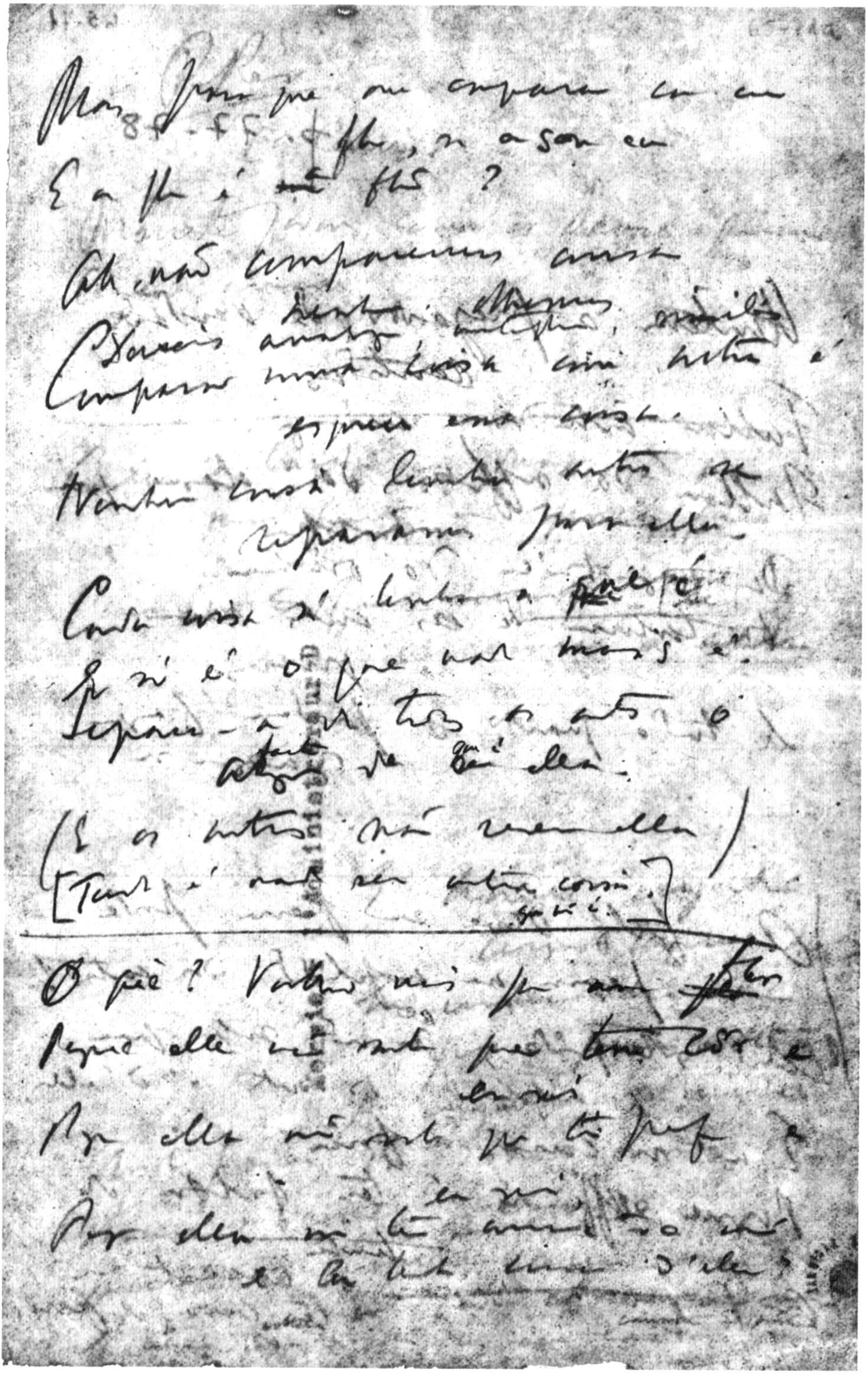

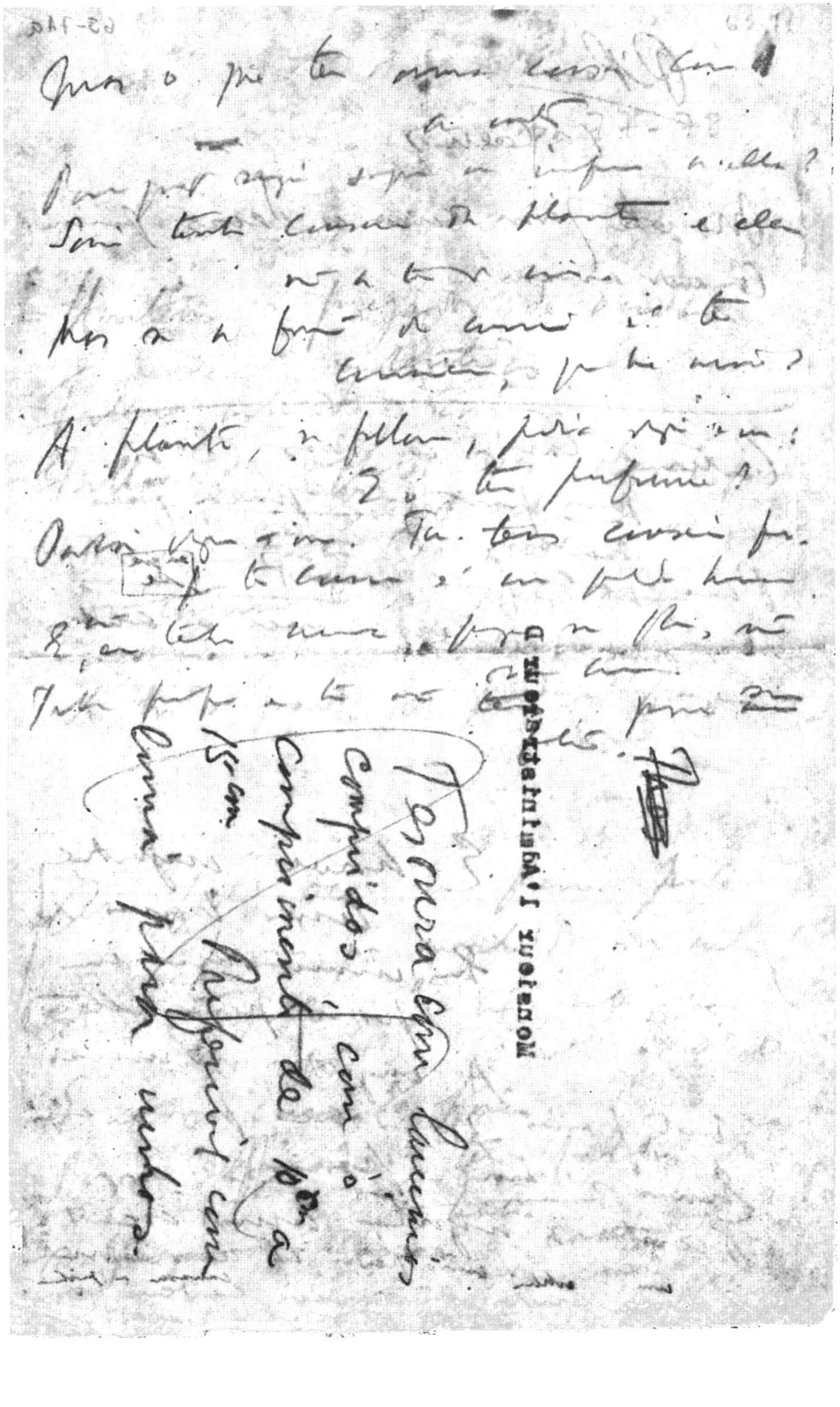

[34]

Criança desconhecida e suja brincando à minha porta,
Não te pergunto se me trazes um recado dos símbolos.
Acho-te graça por nunca te ter visto antes,
E naturalmente se pudesses estar limpa eras outra criança,
Nem aqui vinhas.
Brinca na poeira, brinca!
Aprecio a tua presença só com os olhos.
Vale mais a pena ver uma cousa sempre pela primeira vez que conhecê-la,
Porque conhecer é como nunca ter visto pela primeira vez,
E nunca ter visto pela primeira vez é só ter ouvido contar.

O modo como esta criança está suja é diferente do modo como as outras estão sujas.
Brinca! Pegando numa pedra que te cabe na mão,
Sabes que te cabe na mão.
Qual é a filosofia que chega a uma certeza maior?
Nenhuma, e nenhuma pode vir brincar nunca à minha porta.

[35]

Verdade, mentira, certeza, incerteza...
Aquele cego ali na estrada também conhece estas palavras.
Estou sentado num degrau alto e tenho as mãos apertadas
Sobre o mais alto dos joelhos cruzados.
Bem: verdade, mentira, certeza, incerteza o que são?
O cego para na estrada,
Desliguei as mãos de cima do joelho.
Verdade, mentira, certeza, incerteza são as mesmas?
Qualquer cousa mudou numa parte da realidade – os meus joelhos e as minhas mãos.
Qual é a ciência que tem conhecimento para isto?
O cego continua o seu caminho e eu não faço mais gestos.
Já não é a mesma hora, nem a mesma gente, nem nada igual.
Ser real é isto.

[36]

Uma gargalhada de rapariga soa do ar da estrada.
Riu do que disse quem não vejo.
Lembro-me já que ouvi.
Mas se me falarem agora de uma gargalhada de rapariga da estrada,
Direi: não, os montes, as terras ao sol, o sol, a casa aqui,
E eu que só oiço o ruído calado do sangue que há na minha vida dos dois lados da cabeça.

[37]

Noite de S. João para além do muro do meu quintal.
Do lado de cá, eu sem noite de S. João.
Porque há S. João onde o festejam.
Para mim há uma sombra de luz de fogueiras na noite,
Um ruído de gargalhadas, os baques dos saltos.
E um grito casual de quem não sabe que eu existo.

[38]

Tu, místico, vês uma significação em todas as cousas.
Para ti tudo tem um sentido velado.
Há uma cousa oculta em cada cousa que vês.
O que vês, vê-lo sempre para veres outra cousa.

Para mim, graças a ter olhos só para ver,
Eu vejo ausência de significação em todas as cousas;
Vejo-o e amo-me, porque ser uma cousa é não significar nada.
Ser uma cousa é não ser susceptível de interpretação.

[39]

Pastor do monte, tão longe de mim com as tuas ovelhas:[32]
Que felicidade é essa que pareces ter – a tua ou a minha?
A paz que sinto quando te vejo, pertence-me, ou pertence-te?
Não, nem a ti nem a mim, pastor.
Pertence só à felicidade e à paz.
Nem tu a tens, porque não sabes que a tens.
Nem eu a tenho, porque sei que a tenho.
Ela é ela só, e cai sobre nós como o sol,
Que te bate nas costas e te aquece, e tu pensas noutra cousa indiferentemente,
E me bate na cara e me ofusca, e eu só penso no sol.

32 No exemplar pessoal de *Athena* Pessoa corrigiu o travessão final para dois pontos.

[40]

Ah, querem uma luz melhor que a do sol!
Querem *prados*[33] mais verdes que estes!
Querem flores mais belas que estas que vejo!
A mim este sol, estes *prados*,[34] estas flores contentam-me.[35]
Mas, se acaso me descontentam,
O que quero é um sol mais sol que o sol,
O que quero é *prados* mais *prados* que estes *prados,*[36]
O que quero é flores mais estas flores que estas flores –
Tudo mais ideal do que é do mesmo modo e da mesma maneira!
Aquela cousa que está ali estar mais ali do[37] que ali está!
Sim, choro às vezes o corpo perfeito que não existe.
Mas o corpo perfeito é o corpo mais corpo que pode haver,
E o resto são os sonhos dos homens,[38]
A miopia de quem vê pouco,
E o desejo de estar sentado de quem não sabe estar de pé.
Todo o cristianismo é um sonho de cadeiras.

E como a alma é aquilo que não aparece,
A alma mais perfeita é aquela que não apareça nunca –
A alma que está feita com o corpo
O absoluto corpo das cousas,
A existência absolutamente real sem sombras, sem *erros*,[39]
A coincidência *exacta*[40] de uma cousa consigo mesma.

---

33 Variante sobreposta: «campos».
34 *Idem.*
35 O pronome «-me» é opcional: está entre parênteses rectos, acrescentado a lápis.
36 Variantes sobrepostas a todos os itálicos do verso: «campos».
37 «do» entre parênteses, a lápis, sinal de que é opcional.
38 Este verso e os três seguintes estão dubitados.
39 Variante subposta: «mim».
40 Variante subposta: «absoluta». Acrescento, a lápis, opcional, porque entre parênteses rectos: «e inteira».

[41]

Pétala dobrada para trás da rosa que outros diriam de veludo,
Apanho-te do chão e, de perto, contemplo-te de longe.

Não há rosas no meu quintal: que vento te trouxe?
Mas chego de longe de repente. Estive doente um momento.[41]
Nenhum vento te trouxe *agora*.
Agora *nada te trouxe ainda agora*.[42]
O que tu foste não és tu, senão estava aqui.[43]

41 Frase dubitada.
42 Variante sobreposta: «estás aqui».
43 Pessoa encara substituir as duas palavras finais por: «toda a rosa estava aqui».

[42]

Entre o que vejo de um campo e o que vejo de outro campo
Passa um momento uma figura de homem.
Os seus passos vão com «ele» na mesma realidade,
Mas eu reparo para ele e para eles, e são duas cousas:
O «homem» vai andando com as suas ideias, falso e estrangeiro,
E os passos vão com o sistema antigo que faz pernas andar.
Olho-o de longe sem opinião nenhuma.
Que perfeito que é nele o que ele é – o seu corpo,
A sua verdadeira realidade que não tem desejos nem esperanças,
Mas músculos e a maneira certa e impessoal de os usar.

[43]

Gozo os campos sem reparar para eles.
Perguntas-me porque os gozo.
Porque os gozo, respondo.
Gozar uma flor é estar ao pé dela inconscientemente
E ter uma noção do seu perfume nas nossas ideias mais *apagadas*.[44]
Quando reparo, não gozo: vejo.
Fecho os olhos, e o meu corpo, que está entre a erva,
Pertence inteiramente ao exterior de quem fecha os olhos –
À dureza fresca da terra cheirosa e irregular;
E alguma coisa dos ruídos indistintos das coisas a existir,
E só uma sombra encarnada de luz me carrega levemente nas órbitas,
E só um resto de vida *ouve*.[45]

44 Variante sobreposta: «afastadas».
45 Variantes: ao lado, «soa» e «serve»; subpostas, «esquece»; «fica»; «fica para existir».

Não tenho pressa. Pressa de quê?
Não teem pressa o sol e a lua:
estão certos.
Ter pressa é crer que a gente
passa adiante das pernas,
Ou que, dando um pulo, salta
por cima da sombra.
Não; não tenho [sei ter] pressa.
Se estendo o braço, chego exactamente
aonde o meu braço chega —
Nem um centimetro mais longe.
Toco só onde toco, não onde penso.
Só me posso sentar aonde estou.
E isto faz rir como todas as verdades
absolutamente verdadeiras, ?
Mas o que faz rir [a valer] é que nós
pensamos sempre noutra coisa,
E vivemos vadios da nossa realidade [do nosso corpo].
(E estamos sempre fóra d'ella porque estamos aqui)

[44]

Não tenho pressa. Pressa de quê?
Não têm pressa o sol e a lua: estão certos.
Ter pressa é crer que a gente passa adiante das pernas,
Ou que, dando um pulo, salta por cima da sombra.
Não; não *tenho*[46] pressa.
Se estendo o braço, chego exactamente onde o meu braço chega –
Nem um centímetro mais longe.
Toco só onde toco, não onde penso.
Só me posso sentar onde estou.
E isto faz rir como todas as verdades absolutamente verdadeiras,
Mas o que faz rir a valer é que nós pensamos sempre noutra cousa,
E *somos* vadios *do nosso corpo.*[47]

46 Variante sobreposta: «sei ter».

47 Variantes: sobreposta a «somos»: «vivemos»; a «do nosso corpo»: «da nossa realidade». Para o caso de serem usadas estas variantes, e de então o verso ser «E vivemos vadios da nossa realidade», acrescenta o verso final: «E estamos sempre fora dela porque estamos aqui.» (ver fac-símile.)

[45]

Sim: existo dentro do meu corpo.
Não trago o sol nem a lua na algibeira.
Não quero conquistar mundos porque dormi mal,
Nem almoçar *o mundo*[48] por causa do estômago.
Indiferente?
Não: *filho*[49] da terra, que se der um salto, está em falso,
Um momento no ar que não é para nós,
E só contente quando os pés lhe batem outra vez na terra,
Trás! na realidade que não falta!

48 Variante sobreposta: «a terra».
49 Variante sobreposta: «natural».

[46]

Gosto do céu porque não creio que ele seja infinito.
Que pode ter comigo o que não começa nem acaba?
Não creio no infinito, não creio na eternidade.
Creio que o espaço começa *algures e algures*[50] acaba
E que aquém e além disso há absolutamente nada.
Creio que o tempo teve um princípio e terá um fim,
E que antes e depois disso não havia tempo.
Porque há-de ser isto falso? Falso é falar de infinitos
Como se soubéssemos o que são ou os pudéssemos entender.
Não: tudo é uma quantidade de cousas.
Tudo é definido, tudo é limitado, tudo é cousas.

[47]

Pouco me importa.
Pouco me importa o quê? Não sei: *pouco*[51] me importa.

50 Variante: «numa parte e numa parte».
51 Variante, entre parênteses, ao lado: «nada».

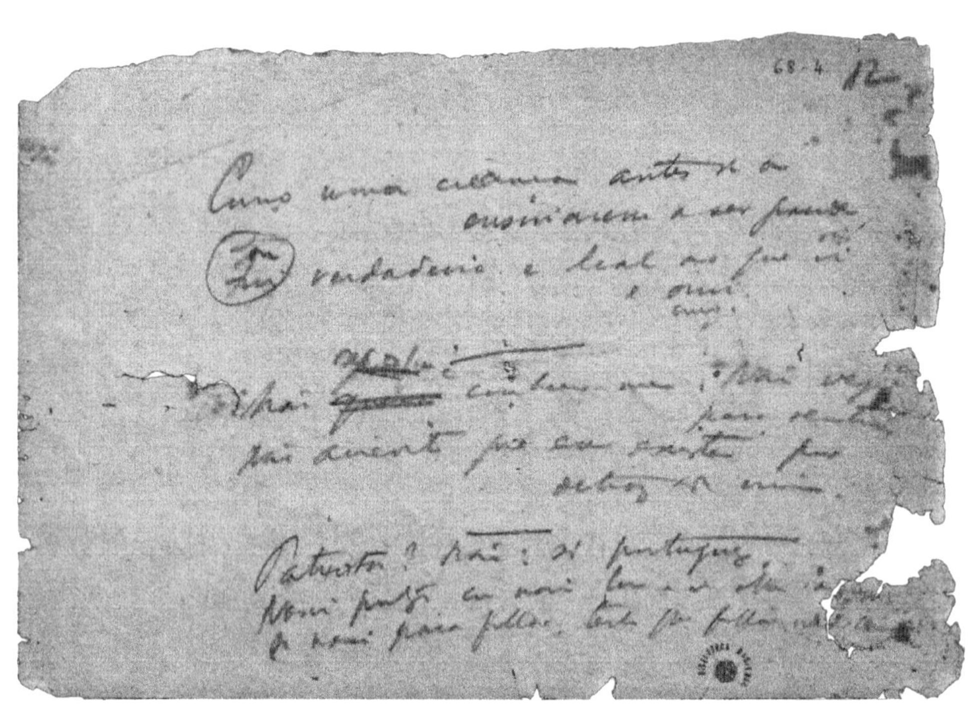

[48]

Como uma criança antes de a ensinarem a ser grande,
Fui[52] verdadeiro e leal ao que *vi*[53] *e ouvi.*[54]

[49]

Não sei o que é conhecer-me. Não vejo para dentro.
Não acredito que eu exista por detrás de mim.

[50]

Patriota? Não: só português.
Nasci português como nasci louro e de olhos azuis.
Se nasci para falar, tenho que falar uma língua.[55]

---

52 Variante sobreposta: «sou».
53 Variante sobreposta: «vejo».
54 Variante subposta: «ouço».
55 Ver fac-símile.

[51]

Deito-me ao comprido *na erva*[56]
E esqueço tudo quanto me ensinaram.
O que me ensinaram nunca me deu mais calor nem mais frio.
O que me disseram que havia nunca me alterou a forma de uma coisa.
O que me aprenderam a ver nunca tocou nos meus olhos.
O que me apontaram nunca estava ali: estava ali só o que ali estava.

56 Variante sobreposta: «sobre a terra com erva».

[52]

Falaram-me em homens, em humanidade,
Mas eu nunca vi homens nem vi humanidade.
Vi vários *homens*[57] assombrosamente diferentes *entre si*.[58]
Cada um separado do outro por um espaço sem homens.

57 Variante sobreposta: «um-homem». Em Z/M, «um-homens».
58 Variante sobreposta: «um do outro».

[53]

Nunca busquei viver a minha vida.
A minha vida viveu-se sem que eu quisesse ou não quisesse.
Só quis ver como se não tivesse alma.
Só quis ver como se fosse apenas olhos.

[54]

Vive, dizes, no presente;
Vive só no presente.

Mas eu não quero o presente, quero a realidade;
Quero as cousas que existem, não o tempo *que as mede*.[59]

O que é o presente?
É uma cousa relativa ao passado e ao futuro.
É uma cousa que existe em virtude de outras cousas existirem.
Eu quero só a realidade, as cousas sem presente.

Não quero incluir o tempo no meu *esquema*.[60]
Não quero pensar nas cousas como presentes; quero pensar nelas como cousas.
Não quero separá-las de *si* [61] próprias, tratando-as por presentes.

Eu nem por reais as devia tratar.
Eu não as devia tratar por nada.

Eu devia vê-las, apenas vê-las;
Vê-las até não poder pensar nelas,
Vê-las sem tempo, nem *espaço*,[62]
Ver podendo dispensar tudo menos o que se vê.
É esta a ciência de ver, que não é nenhuma.

---

59 Variantes: entre parênteses, ao lado, «em que estão»; subposta, «que lhes damos» (dubitada).
60 Variante sobreposta: «haver».
61 Variante sobreposta: «elas».
62 Variante sobreposta: «lugar».

[55]

Dizes-me: tu és mais alguma cousa
Que uma pedra ou uma planta.
Dizes-me: sentes; pensas e sabes
Que pensas e sentes.
Então as pedras escrevem versos?
Então as plantas têm ideias sobre o mundo?

Sim: há diferença.
Mas não é a diferença que encontras;
Porque o ter consciência não me obriga a ter teorias sobre as cousas:
Só me obriga a ser consciente.

Se sou mais que uma pedra ou uma planta? Não sei.
Sou diferente. Não sei o que é mais ou menos.

Ter consciência é mais que ter cor?
Pode ser e pode não ser.
Sei que é diferente apenas.
Ninguém pode provar que é mais que só diferente.

Sei que a pedra é real,[63] e que a planta existe.
Sei isto porque elas existem.
Sei isto porque os meus sentidos mo mostram.
Sei que sou real também.
Sei isto porque os meus sentidos mo mostram,
Embora com menos clareza que me mostram a pedra e a planta.
Não sei mais nada.

63 Emendei gralha evidente em *Athena*, omitindo «a» antes de «real», não assinalada por Pessoa no exemplar da sua biblioteca.

Sim, escrevo versos, e a pedra não escreve versos.
Sim, faço ideias sobre o mundo, e a planta nenhumas.
Mas é que as pedras não são poetas, são pedras;
E as plantas são plantas só, e não pensadores.
Tanto posso dizer que sou superior a elas por isto,
Como que sou inferior.
Mas não digo isso: digo da pedra, «é uma pedra»,
Digo da planta, «é uma planta»,
Digo de mim, «sou eu».
E não digo mais nada. Que mais há a dizer?

[56]

Dizem que em cada coisa uma coisa oculta mora.
Sim, é ela própria, a coisa sem ser oculta,
Que mora nela.

Mas eu, com consciência e sensações e pensamento,
Serei como uma coisa?
Que há a mais ou a menos em mim?
Seria bom e feliz se eu fosse só o meu corpo –
Mas sou também outra coisa, mais ou menos que só isso.
Que coisa a mais ou a menos é que eu sou?

O vento sopra sem saber,
A planta vive sem saber.
Eu também vivo sem saber, mas sei que vivo.
Mas saberei que vivo, ou só saberei que o sei?
Nasço, vivo, morro por um destino em que não mando,
Sinto, penso, movo-me por uma força exterior a mim.
Então quem sou eu?

Sou, corpo e alma, o exterior de um interior qualquer?
Ou a minha alma é a consciência que a força universal
Tem do meu corpo ser diferente dos outros corpos?[64]
No meio de tudo onde estou eu?

Morto o meu corpo,
Desfeito o meu cérebro,
Eu consciência[65] abstracta, impessoal, sem forma,
Já não sente o eu que eu tenho,
Já não pensa com o meu cérebro os pensamentos que eu sinto meus,
Já não move pela minha vontade as minhas mãos que eu movo.

Cessarei assim? Não sei.[66]
Se tiver de cessar assim, ter pena de assim cessar[67]
Não me tornará imortal.

---

64 Pessoa acrescentou posteriormente, por cima deste verso, o verso dubitado «tem do meu corpo por dentro». IC e P/F consideram-no um acrescento e inserem-no, mas o resultado, rebarbativo ao ouvido, parece-me inaceitável; Z/M considera variante a «corpo ser diferente»: «corpo por dentro diferente», que não me parece plausível. Creio que Pessoa o anotou como alternativa – isto é, variante – a todo verso.

65 IC e P/F lêem «Eu cousa»; Z/M, «em consciência».

66 «Não sei», entre parênteses rectos, sinal de omissão possível.

67 Suprimi a vírgula final, tal como ZM, IC e P/F.

[57]

Sim, talvez tenham razão.
Talvez em cada coisa uma coisa oculta more,
Mas essa coisa oculta é a mesma
Que a coisa sem ser oculta.

Na planta, na árvore, na flor,
(Em tudo o que vive sem fala)
E é uma coisa e não o com que se faz uma coisa,
No bosque que não é árvores mas bosque,
Total das árvores sem soma,
Mora uma ninfa, *um espírito*[68] exterior por dentro
Que lhes dá a vida;
Que floresce com o florir deles
E é verde no seu verdor.

No animal e no homem entrou.
Vive por fora por dentro
E não já dentro por fora,
Dizem os filósofos que isto é a alma.
Mas não é a alma: é *a própria coisa*[69]
Da maneira como existe.

E penso que talvez haja entes
Em que as duas cousas coincidam
E tenham o mesmo tamanho,
E que estes entes serão os deuses,
Que existem porque assim é que completamente se existe,
Que não morrem porque são iguais a si mesmos,
Que podem muito porque não têm divisão
Entre quem são e quem são,
E talvez nos não amem, nem nos queiram, nem nos apareçam,
Porque o que é perfeito não precisa de nada.

---

68 Variante sobreposta: «a vida».
69 Variante sobreposta: «o próprio animal ou homem».

[58]

Não basta abrir a janela
Para ver os campos e o rio.
Não é bastante não ser cego
Para ver as árvores e as flores.
É preciso também não ter filosofia nenhuma.
Com filosofia não há árvores: há ideias apenas.
Há só cada um de nós, como uma cave.
Há só uma janela fechada, e todo o mundo lá fora;
E um sonho do que se poderia ver se a janela se abrisse,
Que nunca é o que se vê quando se abre a janela.

[59]

Para além da curva da estrada
Talvez haja um poço, e talvez um castelo,
E talvez apenas a continuação da estrada.
Não sei nem pergunto.
Enquanto vou na estrada antes da curva
Só olho para a estrada antes da curva,
Porque não posso ver senão a estrada antes da curva.
De nada me serviria estar olhando para outro lado
E para aquilo que não vejo.
Importemo-nos apenas com o lugar onde estamos.
Há beleza bastante em estar aqui e não noutra parte qualquer.
Se há alguém para além da curva da estrada,
Esses que se preocupem com o que há para além da curva da estrada.
Essa é que é a estrada para eles.
Se nós tivermos que chegar lá, quando lá chegarmos saberemos.
Por ora só sabemos que lá não estamos.
Aqui há só a estrada antes da curva, e antes da curva
Há a estrada sem curva nenhuma.

[60]

Hoje de manhã saí muito cedo,
Por ter acordado ainda muito mais cedo
E não ter nada que quisesse fazer...

Não sabia que caminho tomar
Mas o vento *soprava forte*,[70]
E segui o caminho para onde o vento me soprava nas costas.
Assim tem sido sempre a minha vida, e assim quero que possa ser sempre –
Vou onde o vento me leva e *não me deixe*[71] pensar.

70 Variantes: sobreposta, «empurrava nu»; subposta, «varria para um lado».

71 Variantes: sobreposta a «deixe», «sinto»; subpostas a «não me deixe», «não sou capaz de», «não desejo», «então não preciso».

[61]

Primeiro prenúncio da trovoada de depois de amanhã,
As primeiras nuvens, brancas, pairam baixas no céu mortiço.
Da trovoada de depois de amanhã?
Tenho a certeza, mas a certeza é mentira.
Ter certeza é não estar vendo.
Depois de amanhã não há.
O que há é isto:
Um céu de azul um pouco baço, umas nuvens brancas no horizonte,
Com um retoque sujo em baixo como se viesse negro depois.
Isto é o que hoje é,
E, como hoje por enquanto é tudo, isto é tudo.
Quem sabe se eu estarei morto depois de amanhã?
Se eu estiver morto depois de amanhã, a trovoada de depois de amanhã
Será outra trovoada do que seria se eu não tivesse morrido.
Bem sei que a trovoada não cai da minha vista,
Mas se eu não estiver no mundo, o mundo será diferente –
Haverá eu a menos –
E a trovoada cairá num mundo diferente e não será a mesma trovoada.
Seja como for, a que cair é que estará caindo quando cair.

[62]

A Ricardo Reis

Também sei fazer conjecturas.
Há em cada coisa aquilo que ela é que a anima.
Na planta está por fora e é uma ninfa pequena.
No animal é um ser interior longínquo.
No homem é a alma que vive com ele e é já ele.
Nos deuses tem o mesmo tamanho
E o mesmo espaço que o corpo
E é a mesma coisa que o corpo.
Por isso se diz que os deuses nunca morrem.
Por isso os deuses não têm corpo e alma
Mas só corpo e são perfeitos.
O corpo é que lhes é alma
E têm a consciência na própria carne divina.

[63]

Estou doente. Meus pensamentos começam a estar confusos.
Mas o meu corpo, tocando nas cousas, entra nelas.
Sinto-me parte das cousas com o tacto
E uma grande libertação começa a fazer-se em mim,
Uma grande alegria solene como a de um acto heroico
Passado a sós no gesto sóbrio e escondido.

[64]

Creio que irei morrer.
Mas o sentido de morrer não me ocorre,
Lembra-me que morrer não deve ter sentido.
Isto de viver e morrer são classificações como as das plantas.
Que folhas ou que flores tem uma classificação?
Que vida tem a vida ou que morte a morte?
Tudo são termos, nada se define[,]
A única definição é ao contrário[,][72]
Uma passagem, uma cor que destinge, uma □.

72 Com a limitação do fim da folha, Pessoa reuniu os versos penúltimo e antepenúltimo numa linha, maiusculando «A», antes de «única». Li diferentemente de Z/M estes três versos: no antepenúltimo, li «nada», em vez de «onde» (IC e P/F também lêem, a meu ver, erradamente, como Z/M); no penúltimo verso, li «definição», em vez de «diferença» – coincidentemente com IC e P/F – e «contrário», em vez de «contorno», forma usada por ambos; no último, em vez de «paragem», como todos eles, leio «passagem».

[65]

Ponham na minha sepultura
 Aqui jaz, sem cruz,
 Alberto Caeiro
 Que foi homem dos deuses...[73]
 Se os deuses vivem ou não isso é convosco.
 A mim deixei[74] que me recebessem.

73 Z/M leram «buscar os deuses», leitura inadmissível, porque a penúltima palavra comporta um «d» («dos» e não «os»). Na sua edição crítica, IC publica, ampliando com contraste, os pormenores mais discutíveis deste manuscrito a lápis quase apagado: concordo com a sua leitura. Ocorre-me o verso pessoano: «Deus é o homem de outro deus maior.». P/F leram inadmissivelmente: «prova dos deuses».

74 Em IC «deixai» – erro crasso que repugna a qualquer falante que tenha o português como língua materna. Não parece gralha, aliás inadmissível numa edição crítica: na edição do *Expresso* vem também assim. Em P/F: «Porisso deixei que os recebessem.», que não faz sentido.

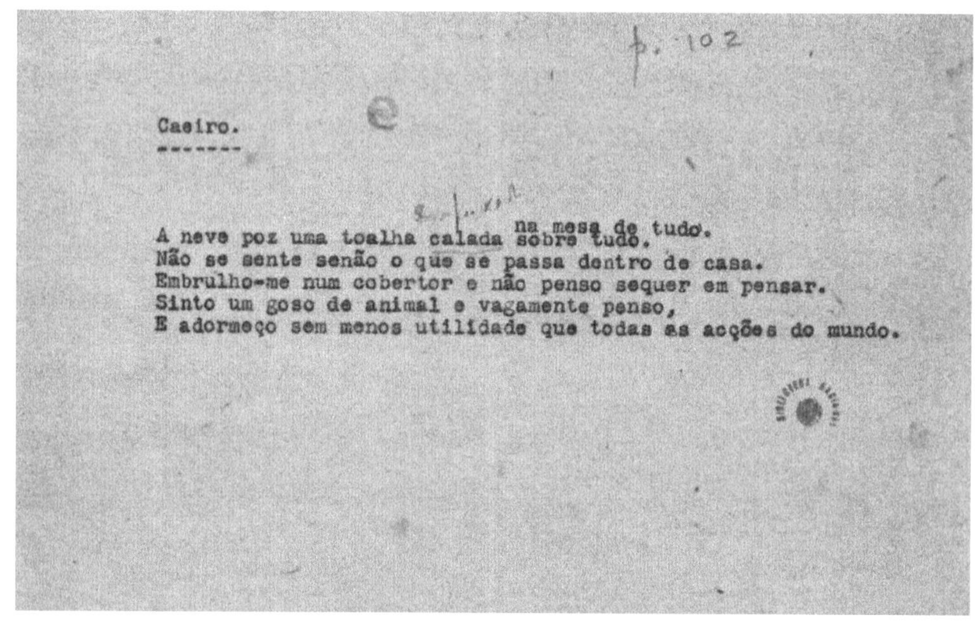
p. 102

Caeiro.

A neve poz uma toalha calada na mesa de tudo. sobre tudo.
Não se sente senão o que se passa dentro de casa.
Embrulho-me num cobertor e não penso sequer em pensar.
Sinto um goso de animal e vagamente penso,
E adormeço sem menos utilidade que todas as acções do mundo.

[66]

A neve pôs uma toalha *calada*[75] *sobre*[76] tudo.
Não se sente senão o que se passa dentro de casa.
Embrulho-me num cobertor e não penso sequer em pensar.
Sinto um gozo de animal e vagamente penso,
E adormeço sem menos utilidade que todas as acções do mundo.

75 Variante sobreposta: «empuxada». Z/M leram «enfeixada».
76 Variante sobreposta: «na mesa de».

67-69

p. 102

13

Caeiro.

Last poem

(dictado pelo poeta no dia da sua morte)

É talvez o ultimo dia da minha vida.
Saudei o sol, levantando a mão direita.
Mas não o saudei, para lhe dizer adeus.
Fiz signal de gostar de o ver antes, mais nada

Fiz sinal de gostar de o ver antes, mais nada

[67]

(ditado pelo poeta no dia da sua morte)[77]

É talvez o último dia da minha vida.
Saudei o sol, levantando a mão direita,
Mas não o saudei, *dizendo-lhe*[78] adeus.
Fiz sinal de gostar de o ver ainda, mais nada.

---

77 O poema é encimado, depois da atribuição a Caeiro, pela indicação em inglês, «Last poem», situando o poema em último lugar no futuro livro. IC inscreve-a no corpo do poema, a que não pertence e não o coloca nessa posição. P/F fazem-no, mas omitem a referência «(ditado pelo poeta no dia da sua morte)», que é parte integrante do texto.

78 Variante sobreposta: «para lhe dizer».

APÊNDICE

VERSOS AVULSOS DISPERSOS

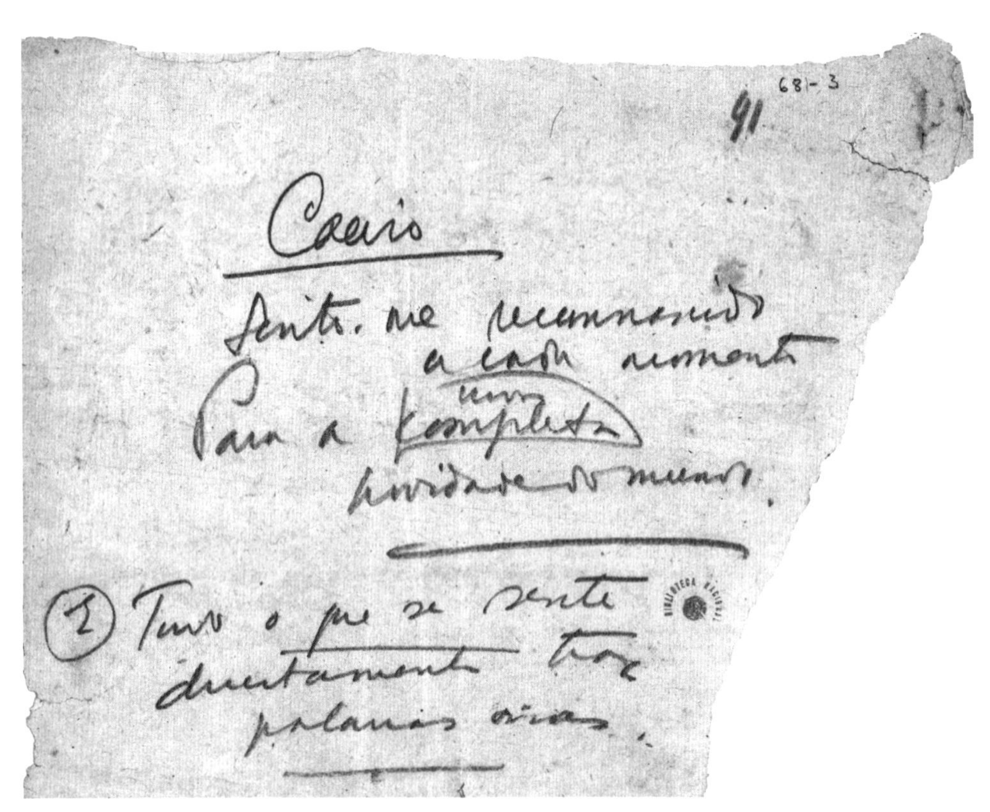

91

Caeiro

Sinto-me recomeçando
a cada momento
Para a completa
novidade do mundo.

(1) Tudo o que se sente
directamente traz
palavras novas.

[1]

Sinto-me recém-nascido a cada momento
Para a *completa*[1] novidade do mundo.

[2]

Rio com o repente de um riacho que *encontra*[2] uma pedra.[3]

[3]

Não tenho pressa: não a têm o sol e a lua.
Ninguém anda mais depressa do que as pernas que tem.
Se onde quero estar é longe, não estou lá num momento.

[4]

Tudo[4] o que se sente directamente traz palavras novas.

[5]

O verde do céu azul antes do sol *ir a*[5] nascer,
E o azul branco do ocidente onde o brilhar do sol se sumiu.

---

1 Variante sobreposta: «nova».
2 Variante sobreposta: «salta».
3 Verso variante, noutra folha (68A-7ʳ): «Rio alto, («alto» está dubitado) como um regato abre o som numa pedra.».
4 Palavra antecedida pela copulativa «E», rodeada por sinal de opcional.
5 Variante sobreposta: «estar para».

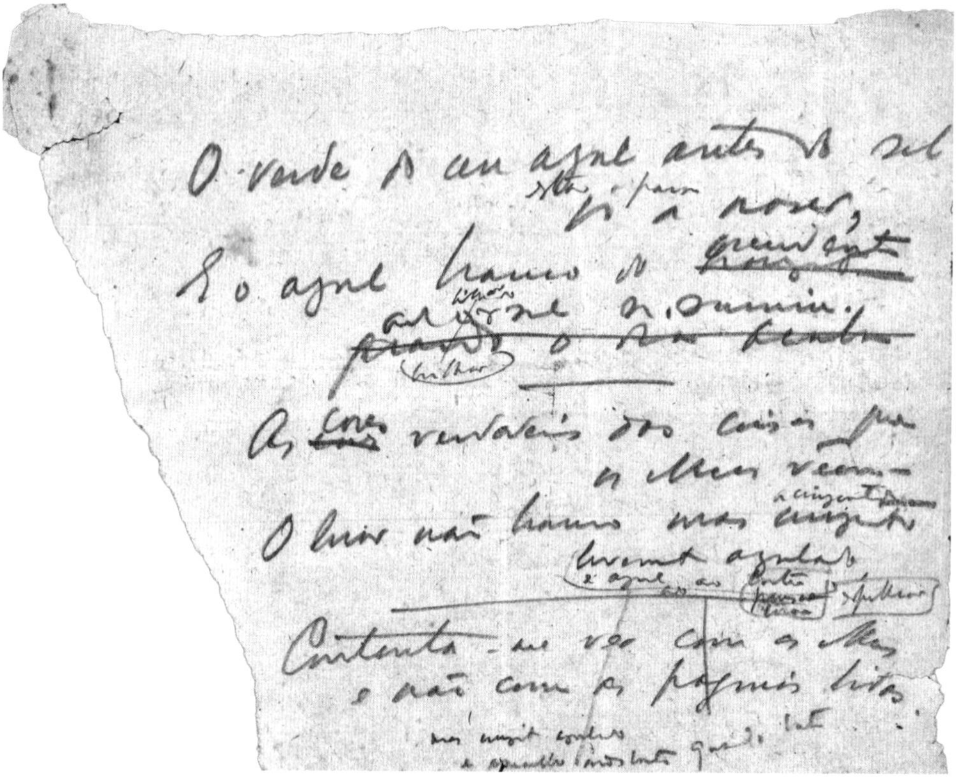

[6]

As cores verdadeiras das coisas que os olhos veem –
O luar não branco mas *cinzento*[6] *levemente azulado.*[7]

[7]

Contenta-me ver com os olhos
e não com as páginas lidas.

[8]

Quem tem as flores não precisa de Deus.[8]

[9]

Diferente de tudo como tudo.[9]

6 Variantes: sobreposta, «acinzentado»; subposta, «cinzento azulado».

7 Variantes subpostas: «e azul ao centro» (variantes de «centro»: «pousar», «bater», «espelhar»); «e espelha onde bate» (variante de «onde»: «quando»).

8 Não consta em Z/M e IC, apenas em P/F.

9 Não consta em Z/M, nem em IC, nem em P/F.

POEMAS NA FRONTEIRA

Caeiro antes do "nascimento" de Campos

[1]

Como por cada gesto que ela faz a Realidade fica mais rica,
A cada jeito das suas mãos há mais Universo.

E a rapariga que cose à janela, de cabeça baixa,
Quem pode desprezar olhá-la como se ela fosse
Um ponto sobre a capital de um grande império...
Ela é real do mesmo modo que uma capital imensa
E um claro dia que finda...
Vede os seus gestos tão reais e do corpo dela...
Tão colocados ali na presença visual dela...

A. C. — 5 Ode, 68-9

Ah, os primeiros ~~horas~~ minutos nos cafés de novas cidades!
A chegada pela manhã a cais ou a gares
Cheios de um silêncio repousado e claro!
Os primeiros ~~vultos~~ passantes nas ruas das cidades a que se chega...
E o som especial que o correr das horas tem nas viagens...

Os omnibus ou os electricos ou os automoveis...
O novo aspecto das ruas de novas terras...
A paz que parecem ter para a nossa dor
O bulicio alegre para a nossa tristeza
A falta de monotonia para o nosso coração cansado!...
As praças nitidamente quadradas e grandes,
As ruas com as casas que se approximam ao fim,
As ruas transversas revelando subitos interesses,
E atravez d'isto tudo, como uma coisa que inunda e nunca transborda,
O movimento, o movimento
~~Os~~ Rápida coisa colorida e humana que passa e fica...

Os portos com navios parados,
Excessivamente navios parados,
Com barcos ~~[illegible]~~ pequenos ao pé, ~~[illegible]~~ esperando.

[2]

Ah, os primeiros minutos nos cafés de novas cidades!
A chegada pela manhã a cais ou a gares
Cheios de um silêncio repousado e claro!
Os primeiros passantes nas ruas das cidades a que se chega...
E o som especial que o correr das horas tem nas viagens...

Os ómnibus ou os elétricos ou os automóveis...
O novo aspecto das ruas de novas terras...
A paz que parecem ter para a nossa dor
O bulício alegre para a nossa tristeza
A falta de monotonia para o nosso coração cansado!...
As praças nitidamente quadradas e grandes,
As ruas com as casas que se aproximam ao fim,
As ruas transversais revelando súbitos interesses,
E através disto tudo, como uma cousa que inunda e nunca transborda
O movimento, o movimento
Rápida cousa colorida e humana que passa e fica...

Os portos com navios parados,
Excessivamente navios parados,

Com barcos pequenos ao pé, esperando...[1]

1 Ver fac-símile ao lado.

~~A. Caeiro~~ A. Campos

Uma vontade physica de comer o universo
Toma ás vezes o logar do meu pensamento.
Uma furia desmedida
A conquistar a posse como que absorvedora
Dos ceus e das estrellas
Persegue-me como um remorso de não ter commettido um crime.

Como quem olha um mar
Olho os que partem em viagem...
Olho os comboios como quem os estranha
Grandes coisas ferozes e absurdas que levam almas,
Que levam consciencias da vida e de si-proprios
Para logares verdadeiramente reaes,
Para os logares que custa a crer que existam
Não sei como, [illegible]
E tem [illegible]
Seguidos hora a hora como os [illegible]...

Ah, por uma nova sensação physica
Pela qual eu possuisse o universo inteiro
Um uno tacto que fizesse pertencer-me,
Ao meu ser possuidor physicamente,
O universo com todos os seus soes e as suas estrellas
E as vidas multiplas das suas almas...

[3]

Uma vontade física de comer o universo
Toma às vezes o lugar do meu pensamento...
Uma fúria desmedida
A conquistar a posse como que absorvedora
Dos céus e das estrelas
Persegue-me como um remorso de não ter cometido um crime.

Ah, por uma nova sensação física
Pela qual eu possuísse o universo inteiro
Um uno tacto que fizesse pertencer-me,
A meu ser possuidor fisicamente,
O universo com todos os seus sóis e as suas estrelas
E as vidas múltiplas das suas almas...[2]

2 Ver fac-símile ao lado.

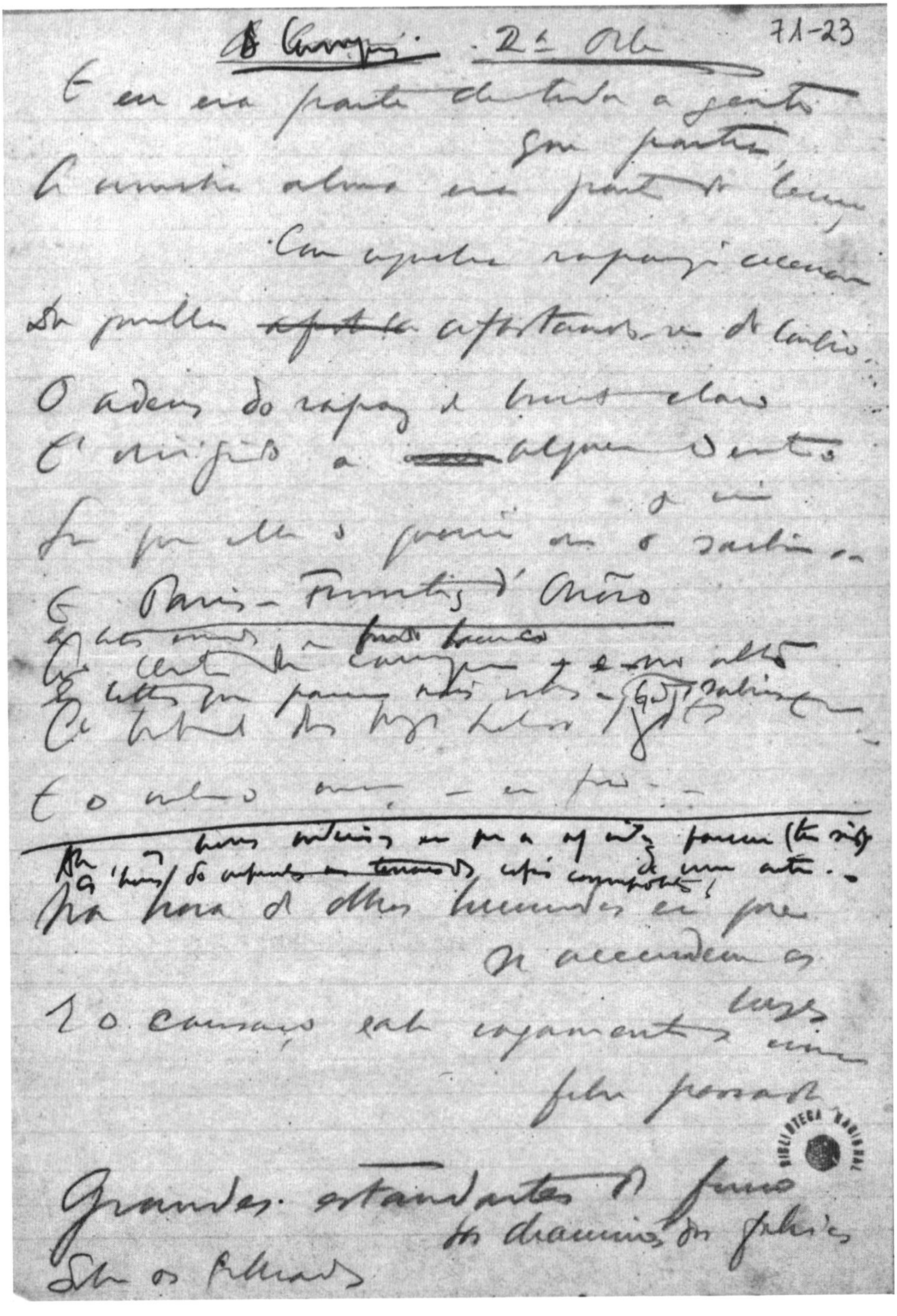

[4]

Como quem olha um mar
Olho os que partem em viagem...
Olho os comboios como quem os estranha
Grandes casas férreas e absurdas que levam almas,
Que levam consciências da vida e de si-próprias
Para lugares verdadeiramente reais,
Para os lugares que – custa a crer – realmente existem
Não sei como, mas é no espaço e no tempo
E têm gente que tem vidas reais
Seguidas hora a hora como as nossas vidas...

E eu era parte de toda a gente que partia,
A minha alma era parte do lenço com [que] aquela rapariga acenava
Da janela afastando-se de comboio...
O adeus do rapaz de bonnet claro
É dirigido a alguém dentro de mim
Sem que ele o queira ou o saiba...
E *Paris-Fuentes d'Oñoro*
Em letras encarnadas em fundo branco
Ao centro da carruagem, e no alto
Em letras que parecem mais vivas e salientes
C.ª Internacional dos Wagons Lits[.]
E o comboio avança – eu fico...[3]

---

3 Para a 1ª estrofe, ver fac-símile anterior, segundo poema separado por traços, a meio da página. Para a 2ª estrofe, ver fac-símile 71-23, ao lado.

[5]

Ah, as horas indecisas em que a minha vida parece ter sido[4] de um outro...
As horas do crepúsculo no terraço dos cafés cosmopolitas!
Na hora de olhos húmidos em que se acendem as luzes
E o cansaço sabe vagamente a uma febre passada.

4 Opcional, entre parênteses «ter sido».
Ver fac-símile 71-23, separado da 2ª estrofe do poema nº 4 por um longo traço horizontal.

[6]

Grandes estandartes de fumo das chaminés das fábricas
Sobre os telhados[!]
Ó poderosamente gritos de combate!
Vago rumor silencioso e comercial das ruas...
E a ordem inconsciente dos que vão e vêm
Pelas fitas dos passeios...
À hora de sol em que as lojas *descem os toldos*[5]

5 Variante subposta: «baixam as pálpebras».
Para os dois primeiros versos, ver fac-símile 71-23. Para os versos seguintes ver 71-24.

Durante a "dormência" de Campos

[7]

O conto antigo da Gata Borralheira,
O João Ratão e o Barba Azul e os 40 Ladrões,
E depois o Catecismo e a história de Cristo
E depois todos os poetas e todos os filósofos;
E a lenha ardia na lareira quando se contavam contos,
O sol havia lá fora em dias de destino,
E por cima da leitura dos poetas as árvores *e as terras*...[6]
Só hoje vejo o que é que aconteceu na verdade.
Que a lenha ardida, exactamente porque ardeu,
Que o sol dos dias de destino, porque já não há,
Que as árvores e as terras (para além das páginas dos poetas) □ –
Que disto tudo só fica o que nunca foi:
Porque a recompensa de não existir é estar sempre presente.[7]

6 Variante sobreposta: «faziam sombra».
7 Os últimos cinco versos estão dubitados.

[8]

Duas horas e meia da madrugada. Acordo, e adormeço.
Houve em mim um momento de vida diferente entre sono e sono.

Se ninguém condecora o sol por dar luz,
Para que condecoram quem é herói?

Durmo com a mesma razão com que acordo
E é no intervalo que existo.[8]

Nesse momento, em que acordei, dei por todo o mundo –
Uma grande noite incluindo tudo
Só para fora.

8 Toda esta estrofe está dubitada.

Em diálogo com Campos?

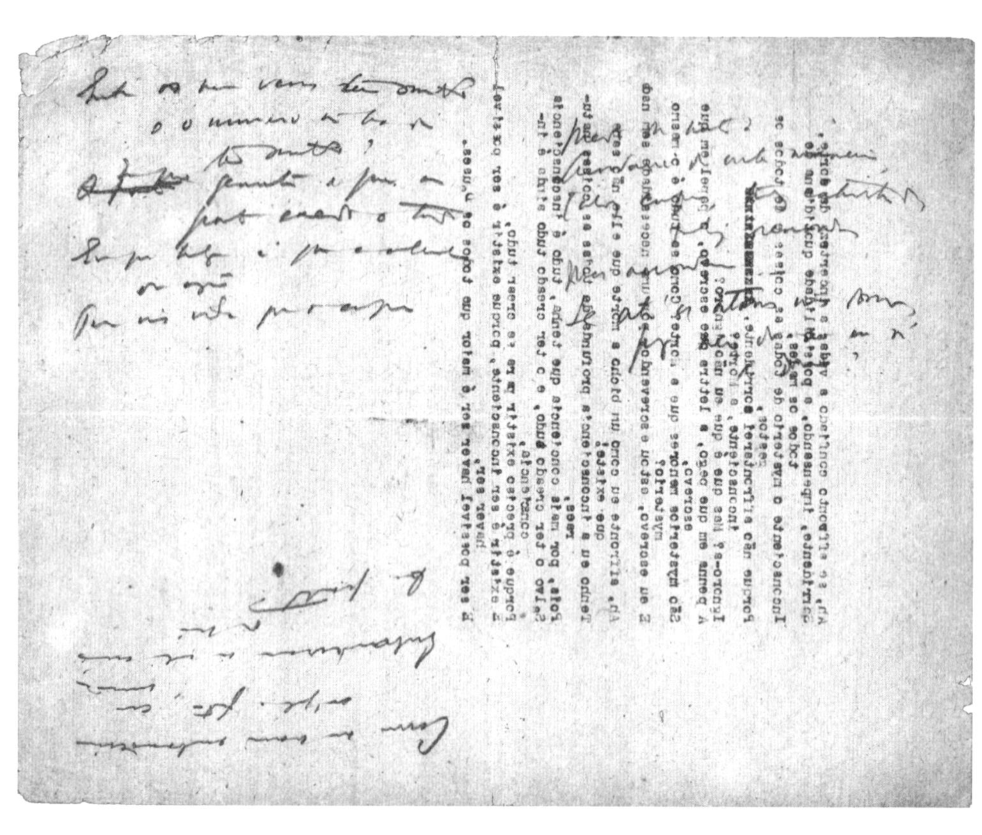

[9]

Medo da morte?
Acordarei de outra maneira,
Talvez corpo, talvez continuidade, talvez renovado,
Mas acordarei.
Se até os átomos não dormem, porque hei-de ser eu só a dormir?

[10]

Então os meus versos têm sentido e o universo não há-de ter sentido?
Em que geometria é que a parte excede o todo?
Em que biologia é que o volume dos órgãos
Tem mais vida que o corpo[?][9]

9 Ver no último fac-símile o original deste e do poema precedente.

ANEXOS

CAEIRO CITADO EM PROSA

Entrevista com A.C. 17/58 (Theatro – ?) 68A-8

3 17/59 68A-9

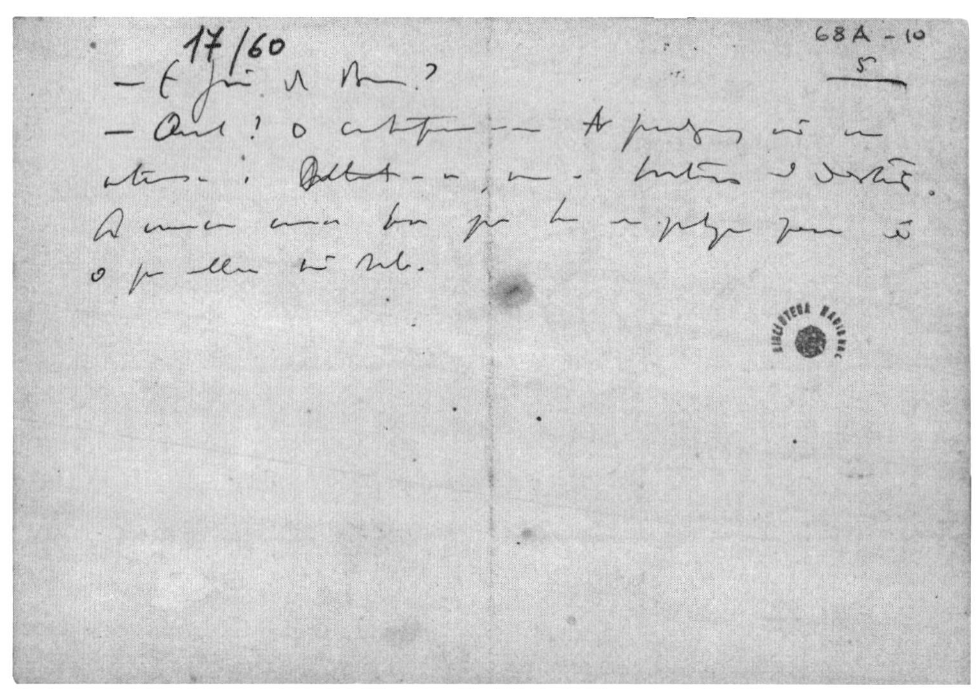

17/60

68A-10

5

Income:

Sale of two eaux-fortes.
— of stamp-collection.
Presents — five guineas.
Sale of small articles.
Book on Holland at Payne's.
Perhaps — old china at A. V. H. M.'s.
" — silver cups at Payne's.
(What became of my calf in Algarve).

S.C. – 200
V.B. – 500

53

A. Caeiro

(entrevista)
s/p A.S.

Sou mesmo o primeiro poeta que se lembrou de que a Natureza existe. Os outros poetas teem cantado a Natureza subordinando-a a elles, como se elles fossem Deus; eu canto a Natureza subordinando-me a ella, porque nada me indica que eu sou superior a ella, visto que ella me inclue, que eu nasço d'ella e que

O meu materialismo é um materialismo espontaneo. Sou perfeita e absolutamente materialista. [illegible] [illegible], [illegible] e um [illegible] [illegible]... [illegible] [illegible] — o [illegible] [illegible].

[1]

Entrevista com Alberto Caeiro

Entre as muitas sensações de arte que devo a esta cidade de Vigo, sou-lhe grato pelo encontro que aqui acabo de ter com o nosso mais recente, e sem dúvida o mais original, dos nossos poetas.

Mão amiga me havia mandado desde Portugal, para suavização[,] *talvez*,[1] do meu exílio, o livro de Alberto Caeiro. Li-o aqui,[2] a esta janela, como ele o quereria, tendo diante dos meus olhos extasiados o □ da baía de Vigo. E não posso ter senão por providencial que um acaso feliz me proporcionasse, tão cedo empós a leitura, travar conhecimento com o poeta glorioso.

Apresentou-nos um amigo comum. E à noite, ao jantar, na sala □ do Hotel □, eu tive com o poeta esta conversa, que eu avisei poderia converter-se em entrevista.

Eu dissera-lhe da minha admiração perante a sua obra. Ele escutara-me *como*[3] quem recebe o que lhe é devido, com aquele orgulho espontâneo e fresco[4] que é um dos maiores atractivos do homem, para quem, de supor é, lhe reconheça o direito a ele. E ninguém mais do que eu lho reconhece. Entranhadamente lho reconhece.

Sobre o café a conversa pôde intelectualizar-se por completo. Consegui levá-la, sem custo, para um único ponto, o que me interessava, o livro de Caeiro. Pude ouvir-lhe as opiniões que transcrevo, e que, não sendo, claro é, toda a conversa, muito representam, contudo, do que se disse.

O poeta fala de si e da sua obra com uma espécie de religiosidade e de natural elevação que, talvez, noutros com menos direito a falar assim, parecessem francamente insuportáveis. Fala sempre em frases dogmáticas, excessivamente sintéticas, censurando ou admirando (raro admira, porém) com absolutismo, despoticamente, como se não estivesse dando uma opinião, mas dizendo a verdade intangível.

Creio que foi pela altura em que lhe disse da minha desorientação primitiva em face da novidade do seu livro que a conversa tomou aquele aspecto que mais me apraz transcrever aqui. □

O amigo que me enviou o seu livro disse-me que ele era *renascente*, isto é, filiado na corrente da Renascença Portuguesa. Mas eu não creio...

1 Variante subposta: «quiçá».
2 Por cima de «aqui», um ponto de interrogação.
3 Variante sobreposta: «com ar de».
4 Sob «fresco», um sinal de dubitação.

– E faz muito bem. Se há gente que seja diferente da minha obra é essa. O seu amigo insultou-me sem me conhecer comparando-me a essa gente. Eles são místicos. Eu o menos que sou é místico. Que há entre mim e eles? Nem o sermos poetas, porque eles o não são. Quando leio Pascoaes farto-me de rir. Nunca fui capaz de ler uma cousa dele até ao fim. Um homem que descobre sentidos ocultos nas pedras, sentimentos humanos nas árvores, que faz gente dos poentes e das madrugadas □.[5] É como um idiota belga dum Verhaeren, que um amigo meu, com quem fiquei mal por isso, me quis ler. Esse então é inacreditável.

– A essa corrente pertence, penso, a «Oração à Luz» de Junqueiro.

– Nem poderia deixar de ser. Basta ser tão má. O Junqueiro não é um poeta. É um agenciador[6] de frases. Tudo nele é ritmo e métrica. A sua religiosidade é uma léria. A sua adoração da natureza é outra léria. Pode alguém tomar a sério um tipo que diz que é □[7] da luz misteriosa gravitando na órbita de Deus? Isto não quer dizer nada. É com cousas que não querem dizer nada, *excessivamente nada*, que as pessoas têm feito obra até agora. É preciso acabar com isso.

– E João de Barros?

– Qual? O contemporâneo... A personagem não me interessa. Detesto-a, mesmo. Instruir é destruir. A única cousa boa que há em qualquer pessoa é o que ela não sabe.

....

– O sr. Caeiro é um materialista?

– Não, não sou nem materialista nem deísta nem cousa nenhuma. Sou um homem que um dia, ao abrir a janela, descobre esta cousa importantíssima: que a Natureza existe. Verifiquei que as árvores, os rios, as pedras são cousas que verdadeiramente existem. Nunca ninguém tinha pensado nisto.

Não pretendo ser mais do que o maior poeta do mundo. Fiz a maior descoberta que vale a pena fazer e ao pé da qual todas as outras descobertas são entretenimento de crianças estúpidas. Dei pelo Universo. Os gregos, com toda a sua nitidez visual, não fizeram tanto.

....

«Sou mesmo o primeiro poeta que se lembrou de que a Natureza existe. Os outros poetas têm cantado a Natureza subordinando-a a eles, como se eles fossem

---

5 Z/M preenchem o espaço em branco com «alma», justificando com oportunidade: «Preenchemos o espaço em branco baseando-nos no poema «Êxtase» (do livro *Vida Etérea*, 1906), onde Pascoaes fala de «Sombras de almas que surgem retratadas / Na inquieta palidez das madrugadas...».

6 A leitura da palavra é adivinhada, a partir de sucinto «rabisco», que Z/M leram «arranjador», igualmente pura adivinhação. Prefiro «agenciador» porque o «rabisco» tem um pontinho por cima que faz adivinhar um «i»... (ver fac-símile 68A-9[v].)

7 Z/M preencheram o espaço em branco com «hino», e esclareceram, oportunamente: «A citação da "Oração à Luz" é imprecisa, uma vez que Guerra Junqueiro escreveu «luz religiosa» e não «luz misteriosa».

Deus; eu canto a Natureza subordinando-me a ela, porque nada me indica que eu sou superior a ela, visto que ela me inclui, que eu nasço dela e que □.

O meu materialismo é um materialismo espontâneo. Sou perfeitamente e constantemente ateu e materialista. Não houve nunca, bem sei, um materialista e um ateu como eu... Mas isso é porque o materialismo e o ateísmo só agora, em mim, encontraram o seu poeta.» E Alberto Caeiro de tão curioso modo acentua o eu[,] o mim, que se vê a funda convicção com que fala.

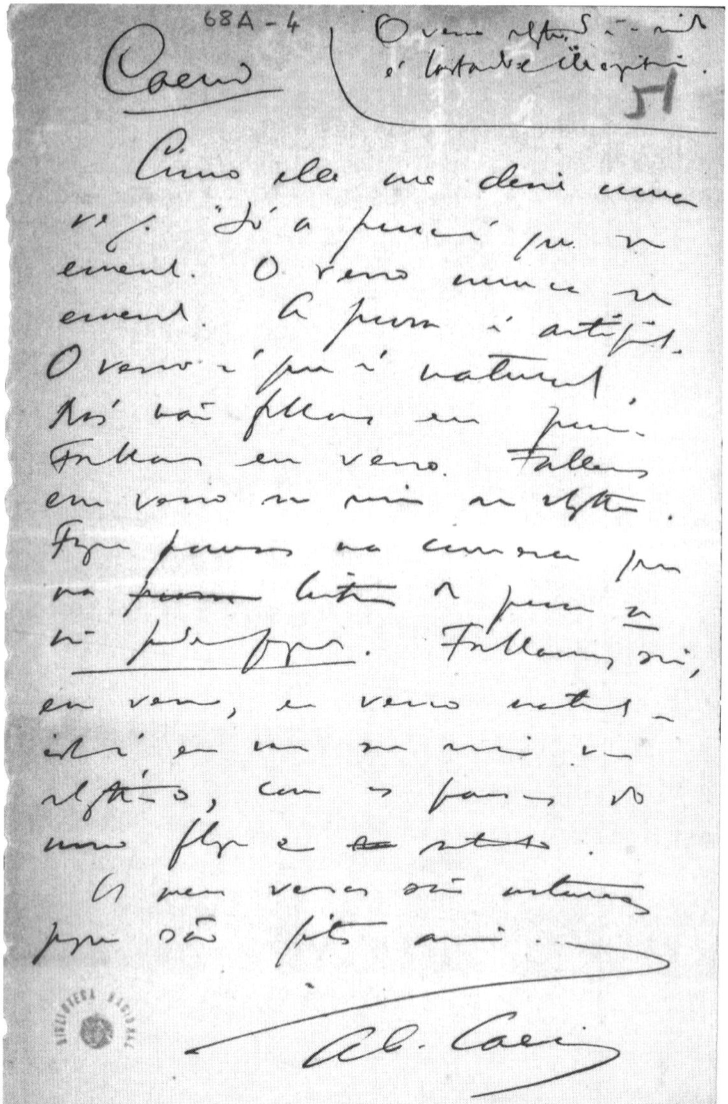

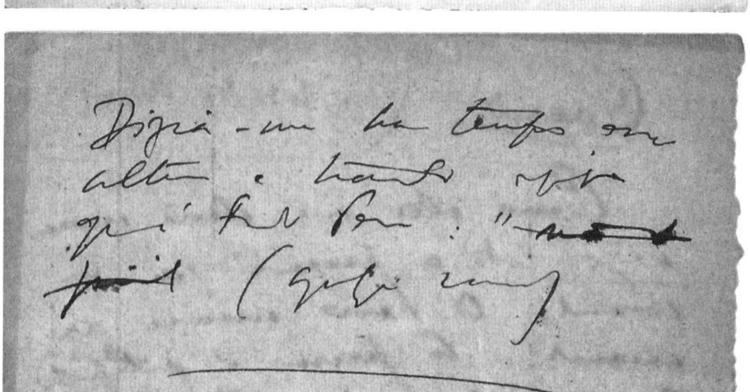

[2]

[Como ele me disse uma vez]

Como ele me disse uma vez: «Só a prosa é que se emenda. O verso nunca se emenda. A prosa é artificial. O verso é que é natural. Nós não falamos em prosa. Falamos em verso. Falamos em verso sem rima nem ritmo. Fazemos pausas na conversa que na leitura da prosa *se não podem fazer*. Falamos, sim, em verso, em verso natural – isto é, em verso sem rima nem ritmo, com as pausas do nosso fôlego e sentimento.

Os meus versos são naturais porque são feitos assim...

O verso ritmado e rimado é bastardo e ilegítimo.»

Dizia-me há tempo este altíssimo e transviado espírito que é Fernando Pessoa: «□» (qualquer cousa) □.[8]

8 O texto ficou incompleto. Esta prosa, incluída por Z/M nas «Prosas» de Caeiro, sem o último período, não lhe pode ser atribuída, porque, tal como as entrevistas, é escrita por outrém (Ricardo Reis, Álvaro de Campos, ou até mesmo esse A.S. que assina as entrevistas). Trata-se de uma citação: «Como ele me disse...». O que induz em erro é o facto de o texto ser precedido pela palavra «Caeiro» e ter, em baixo da página, uma assinatura abreviada (ver fac-símile 68A-4). A referência ao Mestre incitou Pessoa a esboçar uma das várias assinaturas que ele deixou. O penúltimo período foi acrescentado em cima, à direita.
P/F incluiu este texto, sem o último parágrafo, na entrevista, o que não é aceitável: o sujeito não é o entrevistador, que sempre se exprime no presente, introduzindo as falas de Caeiro, como se assistíssemos à cena. Este evoca algo passado: «Como ele me disse».

CARTA DE RICARDO REIS A ALBERTO CAEIRO

[3]

Querido Mestre:[9]

Quando decidimos conjugar os nossos esforços para iniciar uma renascença neo--clássica na Europa, mal sabíamos que a vontade de Júpiter de nascença nos havia fadado[10] para assim nos conjugarmos. Para produzir esse movimento mister era não só que houvesse uma reconstituição da alma antiga, mas, mais, porque se não podia simplesmente transplantar para hoje o sentimento pagão, dar a essa renascença uma base metafísica. Uma renascença clássica queria dizer, para nós, uma continuação da tradição grega. E uma continuação da tradição grega queria dizer um alargamento e renovação da própria tradição grega, feitos dentro dos princípios eternos do espírito que presidiu ao helenismo.

Para o papel aparentemente principal de recondutor da alma pagã, sabeis bem que o Fado me fizera nascer. Escuso de vos falar de como eu sou, de meu espontâneo ser, um crente verdadeiro e profundo na existência dos deuses imortais. Sabeis bem como, para mim, Júpiter, Vénus, Apolo e as mais presenças imorredouras que presidem à nossa vida transitória[11] são realidades e existências concretas. Agradeço-vos ainda *o não vos ter custado*[12] a[13] acreditar que [sou] verdadeiramente um crente verdadeiro nos deuses. Seria natural que julgásseis isto uma atitude poética. Estranho parece a um homem de hoje – crente que seja no deus chamado Jesus –[14] que alguém com ele coexista que realmente sinta a existência de Júpiter, de Apolo, das hamadríades, das nereidas, dos faunos e dos silenos.

Separou-nos, no espaço e na duração da vida, aquilo que é superior aos próprios deuses, o Fado [,] mas a vontade sincrética dos deuses segue o seu caminho dentro de nós. Aproximou-nos mais o nosso destino sinérgico. E ao passo que se aperfeiçoava em vós a vossa lúcida e nova visão do universo, completava-se em mim a posse inteira e desterrada dos deuses cuja ideia foi a aspiração da minha *infância*[15] e *a estalagem*[16] da minha idade viril.

---

9 Este vocativo é encimado por duas anotações: «R.R: Odes» e «A Alb. Caeiro», indicação de que projectava incluir esta carta no livro de Odes de Ricardo Reis.

10 Palavra dubitada.

11 Palavra dubitada. Foi suprimida uma vírgula por separar o sujeito do predicado.

12 Variante sobreposta: «de que não vos custasse».

13 A preposição está dentro de um círculo, sinal de omissão possível.

14 Para os dois travessões, Pessoa (com as suas maníacas indecisões...) encarou, como variantes subpostas, duas vírgulas.

15 Variante sobreposta: «adolescência».

16 Palavra dubitada com variante sobreposta: «o estádio».

Trazíeis vós ao turbulento movimento literário português todo o universo que estava dentro de vós. Mais humilde, eu trazia, Mestre, a re-visão [*sic*] lúcida dos deuses, a renascida crença antiga, que o turbilhão de falsos deuses cristãos, santos de seu nome, havia sepulto.

Do nosso unido esforço nascerá decerto o primeiro impulso da Nova Renascença. Nunca tivemos a ilusão da humildade, nem julgámos a nossa arte com um olhar menos nobre e altivo que o que Milton deve ter tido para a pura perfeição do seu *Paraíso Perdido*, para a clássica escultura do seu *Samson Agonistes*. Nunca nos enganaram, a mim, os Corneilles e os Racines do classicismo dos inferiores; a vós os materialistas estéreis e secos da nossa □ civilização.

Sabíamos de sobra o quanto houvera de estéril em querer erguer uma arte clássica sem primeiro varrer de cima dos nossos sentimentos[17] todo o lixo com que o cristianismo os cobriu. Os Corneilles e os Racines nunca nos enganaram. Não confundimos nunca a secura da alma com a calma posse de nós próprios, nem a incapacidade de sentir com a disciplina poderosa e espantosa dos próprios sentimentos. Por instinto vós, e eu pela minha educação, sobreposta a um instinto também, fugimos ao erro de acreditarmos que houvera clássicos e gregos aqui da Grécia *ou talvez* [18] de Roma.

Nesta suja e estéril república longínqua tudo é de jeito a cada vez mais, por uma reacção, me dar paganismo. Os meus pensamentos vão todos para essa paisagem lúcida e calma de Portugal, tão naturalmente predestinada a produzir esses homens que *tomarão*[19] das mãos longínquas dos gregos o facho do sentimento *pagão*.[20]

17 Palavras dubitadas: «nossos sentimentos».
18 Variante subposta: «e, quando muito,».
19 Variante sobreposta: «receberão».
20 Variante entre parênteses: «naturalista».

PLANO DE PREFÁCIO E OUTROS PREFÁCIOS DE RICARDO REIS

[4]

Prefácio de Ricardo Reis

Divisão:

1. Introdução. Razões de escrever o prefácio. Razões para torná-lo mais vasto que parece comportar o assunto. Alberto Caeiro, suas relações pessoais com o A. Interesse e importância da sua obra. Valor da sua obra como sinal da reconstrução do paganismo.

2. O conceito de paganismo. Caracteres metafísicos (isto é, essenciais) do paganismo greco-romano. Distinção metafísica entre o paganismo greco-romano e os politeísmos da Índia e do Norte da Europa. Distinção entre o paganismo e o cristismo, no ponto de vista metafísico.
– A ética pagã, como se distingue das outras.
– A estética pagã, seus característicos essenciais.
– Resumo do em que consiste o conceito de paganismo.

3. Alberto Caeiro como Reconstrutor do Paganismo.

4. Para que serve uma reconstrução do paganismo.
– O cristismo é um paganismo adulterado. Toda a evolução útil adentro do cristismo tem sido por uma decristização. Os três elementos do cristismo e a sua separação presente. Utilidade da reconstrução do paganismo.
– Sentido dessa reconstrução. Não deve ser feita como Caeiro queria,[21] mas com deuses. Conceito de deus no paganismo.

5. Conclusões gerais sobre a obra de Caeiro e a sua extensão e valia.

21 Pessoa escreveu «queira», nitidamente por lapso.

[5]

Pediram-me os parentes de Alberto Caeiro, cuja tarefa amiga é a de publicarem a sua Obra, que a essa Obra pusesse um prefácio. A honra, que me fizeram, era grande; o pedido, porém, era justo. Quem poderia falar dela senão o seu único discípulo?

Mas para falar de Caeiro eu não iria evidentemente escrever uma biografia, ou dizer umas palavras de elogio. A biografia não teria interesse, porque na vida de Caeiro nada se passou, a não ser os versos que escreveu, e por eles eles-próprios falarão. Para elogiar, eu havia de dizer a minha admiração em frases apenas declamatórias; ou havia de explicá-la, de tentar converter a ela os outros pelo peso, quando não pela cópia, dos meus argumentos. Dizer a minha admiração, sem lhe dizer a causa, seria estulto; porque, ou a obra de *per si* imediatamente avassala os espíritos, ou a alguns, ou outros, deixa frios. Se a todos avassala, a nada vinha eu exprimir o que cada um melhor exprime para si. E se a obra não toma de assalto a admiração alheia, quão absurdas, estéreis e mal-colocadas não seriam as minhas palavras de admiração, justapostas à frieza do acolhimento!

Era mister, pois, para escrever elogiar; para elogiar, explicar. Mas para explicar, era mister, ainda, explicar detalhadamente; que explicar por alto é não explicar. Para explicar detalhadamente, era, porém, preciso ir muito além da obra, cobrir um grande terreno; porque ao apresentar uma obra como importantíssima, por ser a reconstrução do paganismo, é evidente que é mister ir traçar um retrato do paganismo, percorrer sumariamente o trajecto humano desde que ele acabou, para que se possa ver a que vem, e como cabe, uma reconstrução do paganismo. Tudo isso transcendia, no mais humilde dos cálculos, o número de páginas que podemos considerar apropriado ao mero prefácio de uma obra.

Nesse prefácio, além de tudo o que disse, eu tenho que versar pontos que, de longos meses, eu me propunha explanar detidamente, por achar útil que assim se fizesse, para assim transmitir os meus pensamentos sobre o problema mais importante – senão o único deveras importante – da nossa civilização. Tratar sumariamente esses pontos no prefácio à obra de Caeiro levar-me-ia a uma compressão exagerada das minhas opiniões, compressão que, pelo menos *pelo* [22] que havia de omitir para ser breve, me não satisfaria, me deixaria no mesmo estado que dantes, com as mesmas opiniões por exprimir, e as mesmas teses por explanar. Não tratar esses pontos sumariamente, aumentaria fora de toda a medida as dimensões do prefácio pedido.

Resolvi a dificuldade do único modo que se me antolhou possível. A oportunidade de explanar as minhas opiniões era-me dada. A nenhum propósito eu as po-

22 Variante sobreposta: «por o».

deria melhor explanar que a propósito de Caeiro. Não era justo para Caeiro, a cujo génio a minha obra era devida, que eu não a fizesse em torno a quem a causara. Não era justo para comigo se a Caeiro sacrificasse a minha obra; que, afinal, sendo ele a plena justificação dela, ele era, no fim, sempre o único sacrificado. Decidi aproveitar a oportunidade que me era dada, mas escrever a obra como eu queria. Ela seria o melhor prefácio à obra de Caeiro; e seria a obra que eu tencionara escrever. O único óbice é que, escrita, excedeu o volume natural de um prefácio. Isso, que obstará talvez à sua inclusão no próprio livro de Caeiro, não obstará à sua publicação em separado, sempre como prefácio, ou como comentário, *à obra* [23] dele.

Assim fiz.

Deixo aos editores do livro de Caeiro que publiquem esta obra como prefácio ou como comentário separado ao livro do Mestre. É um gesto nobre que satisfaz plenamente o pedido justo que me foi feito; e que ao mesmo tempo cumpre inteiramente o meu dever para com as opiniões que eram dele e são minhas.

Não quero dizer com isto que, para a minha explanação total, exigirei exceder a dimensão de um opúsculo. Teria que estudar o paganismo, o cristianismo, as relações dos dois, e a evolução do segundo; teria que apontar o sentido dessa evolução e o caminho que ante nós se abre.

23 Variante sobreposta: «ao livro».

[6]

[I]

Os parentes de Alberto Caeiro, a quem ele deixou entregue o seu livro completo, e os poemas dispersos que o suplementam, quiseram que eu, a única pessoa a quem o Destino concedeu que pudesse considerar-se discípulo do poeta, fizesse uma espécie de apresentação, ou de prefácio explicativo, à presente[24] – que é a primeira e definitiva – colação dos seus poemas.

O encargo, *que é grato*[25] à minha amizade e □ à minha admiração, é oneroso deveras[26] para a consciência que tenho dos limites da minha competência. Não que me escasseie a sensibilidade espontânea, com que, de pronto,[27] sinta, e a sensibilidade intelectual, com que demoradamente aprecie os poemas, ou que me falhe, para falar verdade, a justa noção de quanto eles pesam – porque o[28] hão-de pesar – na balança da história literária; mas porque nem tenho o nome conhecido com que faça prevalecer, como quereria, a justiça da minha apreciação, nem me deram os Deuses aquele estilo que por translúcido *conquista*[29] adeptos, ou, por entusiástico, os *subjuga*.[30]

Que posso eu dizer de Alberto Caeiro que não pareça exagerado, que não tenha modos de desmedido? E como dizer menos, se hei-de dizer o que penso, o que creio ser a clara essência da verdade absoluta?

Passados que sejam 10 anos – ou mais, ou menos, segundo a Sorte – talvez ninguém veja nas minhas palavras um exagero sequer. Talvez que então, se a Justiça, filha dos Deuses, desce alguma vez à Terra, a consciência da Europa reconheça em Caeiro o mestre que é, o poeta, que □.

Mas hoje, que os seus poemas pela primeira vez assomam à janela da publicidade, que cuidado não há-de haver nos termos! que escrúpulo nos juízos! que equilíbrio nos elogios!

Um homem que se diz discípulo de outro tem pelo menos uma boa razão para o elogiar desmarcadamente. E um homem que é contemporâneo tem já razão de sobra, nessa medida, para estar no erro sem consciência de tal.

24 Palavra dubitada.
25 Variante sobreposta: «por grato que seja».
26 Palavra dubitada.
27 A expressão sobreposta «de pronto», entre parênteses, dubitada, é precedida pela variante «imediatamente».
28 «o» está entre parênteses, sinal de opcional.
29 Variante sobreposta: «atrai».
30 Variante subposta: «sujeita».

Posto isto – que tanto valia não ter escrito, mas que me pesaria não escrever – passo a fazer a «apresentação» que me é pedida.

Direi de Alberto Caeiro, demonstrando-o, com a força que a mim caiba:

(1) que ele é o maior e o mais original dos poetas nados, de todas as línguas que eu conheço;

(2) que ele é o reconstrutor do sentimento pagão, perdido e nunca sentido imaginativamente, desde que a civilização pagã se perdeu;

(3) que na poesia dele, tomando-a no seu conjunto, madrugou, amanheceu uma nova civilização, um pouco aparentada com certas vozes correntes europeias e americanas, mas agora, nesta obra, pela primeira vez coordenadas, feitas sentido, e unas.

Sem mais tardanças explicativas, eu passo ao assunto do meu prefácio.

II

Digo de Alberto Caeiro que ele é [o] maior poeta moderno, porque, sendo um dos maiores de todos os tempos, ele não pode senão brilhar demasiadamente na nossa época prolixa de inferioridades, treda hora de *morte* [31] de uma civilização que nunca foi completa.

Ponhamos de parte, desde já, a primeira feição destes poemas, que salta à nossa vista. Refiro-me à sua deserção de toda a disciplina rítmica convencional. Afirmo, desde já, que com ela não concordo. (Não importa.) Nessa arritmia não há inovação. Desde os livros proféticos de Blake, os poemas sombrios de Southey, e de Shelley, feitos à sombra destes, até à plena vida do verso-livre nos livros de Walt Whitman, para acabar na aceitação, não direi geral, mas vulgar, desse princípio na nossa época, o verso-livre não constitui hoje novidade, nem sequer uma só escola o *tem*[32] por seu.

A única coisa que pode fazer valer o verso-livre é a individualidade rítmica, que o poeta pode nele exprimir. Nos grandes cultores – nos legítimos cultores – do verso-livre, o *tom interior* do verso, o seu ritmo espiritual varia de poeta para poeta. Para a plebe dos rimadores o verso-livre não é senão uma demonstração a mais do que não deve ter entrada no Parnaso.

Nos versos livres de um Blake, nos de um Whitman[,] há um som diferente, uma curva distinta. Dir-se-iam escritos em ritmos diferentes, embora nem uns, nem outros, estejam escritos no que convencionalmente se possa designar qualquer espécie de ritmo. Semelhantemente no único grande cultor português do verso-livre, o sr. Álvaro de Campos, uma individualidade se revela nítida e pessoal, na maravi-

31 Variante sobreposta: «estertor».
32 Variante subposta: «dá».

lhosa técnica estrófica que se mostra através da, puramente aparente, desordenação daquela arritmia.

O mesmo sucede com Alberto Caeiro. O seu verso-livre não tem nem o ritmo bíblico, monótono, dos versos dos livros proféticos de Blake; nem aquele, estudadamente andante,[33] que, com êxito intermitente, procuravam Southey, Shelley, Matthew Arnold;[34] nem o de Whitman, dogmático e espaçoso, como uma planície ao sol; nem o de Álvaro de Campos, fortemente contido dentro de um conceito nitidamente sinfónico da *Ode*. O de Caeiro é brusco, absolutamente directo, rectilíneo sempre.

Mas aqui, se originalidade se mostra, é uma originalidade no inferior. Onde Caeiro é deveras grande é na estrutura interna dos seus poemas – no conceito filosófico de todo o poeta novo, que subjaz à[35] sensibilidade que o caracteriza.

Caeiro é, em filósofo, o que ninguém foi: um objectivista absoluto.

Inverte os processos poéticos *de todos os tempos*. Reparai bem no que digo – *de todos os tempos*. Inverte os processos filosóficos da nossa época, indo além da pura ciência em objectividade. Quebra com todos os sentimentos que têm sido posse da poesia e do pensamento humanos.

Nada o demonstra melhor que um verso que é talvez o superior da sua obra:

A Natureza [é partes] sem um todo.

III

Em que é que este homem pode ser aquilo que eu disse que ele era – o reconstrutor do sentimento pagão?

O caso só parecerá confuso a quem, como o geral dos meus contemporâneos, como, aliás, o geral dos nossos antepassados, de todo ignore qual seja a nova ideativa da atitude característica do paganismo.

Como todos os poetas máximos, Caeiro é de uma simplicidade absoluta. Nada, como os seus versos, vive tão longe dos modernos inventores de sensações, dos subtilizadores de sentimentos simples, dos que mastigam a própria alma até a terem que desconhecer – polpa amorfa de sensações indefinidas.

Todos os grandes poetas são simples. E, se são difíceis de compreender, é que a sua simplicidade envolve princípios novos, uma noção nova das coisas – e essa, por nova, que não por confusa, sai fora dos hábitos[36] mentais que condicionam a compreensão.

33 A expressão «estudadamente andante» está dubitada».
34 O nome Matthew Arnold tem sinal de dubitação.
35 «a», sem acentuação no original.
36 Palavra dubitada.

Acabo como comecei. Alberto Caeiro é um dos maiores poetas do mundo, o maior, por certo, dos tempos modernos.

□ aquele a quem a crítica chamará um dia o imortal reconstrutor do paganismo, mas daquele sentimento objectivo do universo *que é o sangue e a alma de toda a mística pagã, de toda a vida pagã, de toda a □ pagã.*[37]

A poesia de Alberto Caeiro consiste principalmente em negar a poesia das coisas.

*Dirão que, em muitas expressões, algumas aparentadas, mesmo, com a fraseologia das escolas avançadas, Caeiro não está de acordo com os nossos princípios. Mas, à parte a resposta que aquele espantoso espírito lógico antepôs a essa objecção possível – (ver os poemas □) repare-se que ele, o pagão absoluto, não caiu do céu, mas nasce da terra, não □, mas emerge do seu tempo. Vénus, quando sai dos mares, traz molhada ainda, escorrendo pelo seu corpo divino, gotas de água salgada que não a distinguem como Deusa, mas a nomeiam filha dos mares.

37 Variante acrescentada no final do texto, a todo o período assinalado a itálico – não posso considerá-lo emenda porque não o riscou: «que é o que deu vida, sangue e poder a todas as manifestações da civilização pagã, aquela manifestação que a nossa ignorância e a nossa sensibilidade cristianizada tomaram (não como cremos que fosse, mas como de facto alcançámos) por a alma e a essência do paganismo.».

ESQUEMAS DE OBRAS REALIZADAS OU A REALIZAR

[7]

Neo-Paganismo Portuguez.

1. Alberto Caeiro (1889-1915): O Guardador de Rebanhos, seguido de outros poemas e fragmentos.
(Abre o livro uma nota succinta dos parentes do poeta, que publicam o livro.)

2. Ricardo Reis: Odes.
(São cincoenta. Abre o livro um curto prefacio do auctor.)

3. Antonio Móra: O Regresso dos Deuses - Introducção Geral ao Neo-Paganismo Portuguez.

--ao mesmo tempo.

4. Ricardo Reis: Novas Odes.

5. Antonio Móra: Os Fundamentos do Paganismo - Theoria do Dualismo Objectivista.

--ao mesmo tempo.

O Movimento Neo-Pagão
Portuguez compõe-se
d'estas cinco obras.

As trez primeiras deverão ser publicadas em fins de 1917, e as outras duas no anno seguinte. Sendo possivel, as primeiras em Outubro 1917 e as outras, quando não possa ser em Maio 1918, em Outubro.

[8]

48C-28

O REGRESSO DOS DEUSES - I. POEMAS COMPLETOS DE ALBERTO CAEIRO (1889-1915).

---

1. Nota dos Editores.

2. Prefacio do Sr. Ricardo Reis.

3. Poemas Completos de Alberto Caeiro:

I. O Guardador de Rebanhos

II. O Pastor Amoroso

III. Poemas Inconjunctos

4. Natividade de Alberto Caeiro, por Fernando Pessoa.

5. Notas para a recordação do meu mestre Caeiro, por Alvaro de Campos.

O REGRESSO DOS DEUSES - II. RICARDO REIS, ODES, LIV. I-III.

O REGRESSO DOS DEUSES - III. ACCESSORIOS, POEMAS DE ALVARO DE CAMPOS

---

71 A-2

O Regresso dos Deuses

contem:

1. O Regresso dos deuses.
2. A nova Revelação – Alberto Caeiro.
3. A phase neo-pagã – Ricardo Reis.
4. Milton superior a Shakespeare.
5. Os doentes – Saudosismo. Interseccionismo. Sensacionismo.
6. Principios fundamentaes (os theorias de "Na c. de v. de Caeiro").

O livro sobre a Decadencia das Sociedades Modernas, antigamente destinado a Ricardo Reis.

"Alberto Caeiro é um primitivo contemporaneo. É quem sabe dizer-nos quem é a Natureza e como é que ella se sente."

A. de Campos: "A procura de impressões, o modo directo de sentir que aprendi nos seus versos, appliquei-o a outros assumptos, a uma Natureza de ordem diversa. Assim, reparei que uma machina é tão natural — porque é tão real, e, afinal, ser natural é ser real, a fruir a pensar a fundo — como uma arvore; e uma cidade como uma aldeia. O que ~~tão de~~ essencial é sentir directamente e com ingenuidade as cousas, arvores ou machinas, campos ou cidade. A sensibilidade predispoz-me a sentir a natureza ...

[9]

O Regresso dos Deuses contém:

1. *O Regresso dos deuses.*
2. *A nova Revelação* – Alberto Caeiro.
3. *A fase neo-pagã* – Ricardo Reis.
4. *Milton superior a Shakespeare.*
5. *Os doentes* – Saudosismo. Interseccionismo. Sensacionismo.
6. Princípios fundamentais (as teorias de «Na c[asa] de s[aúde] de Cascais»)

17/83

Neo-paganismo (Neo-naturalismo)

Ricardo Reis: O Regresso dos Deuses, e outros estudos neo-pagãos.
[ou Antonio Mora]
(a vol. um André Beaumier: La poésie nouvelle).

Alberto Caeiro: O Guardador de Rebanhos.

" : O Pastor Amoroso.

Antonio Móra: Introducção ao estudo da metaphysica.

Ricardo Reis: Odes, liv. I a IV.

Sensacionismo

Alvaro de Campos: Arco de Triumpho — cinco odes [illegible] em verso. ("Ao mestre — Alberto Caeiro")

Intersecionismo

Mario de Sá-Carneiro: A Confissão de Lucio.

" : Dispersão.

" : Céu em fogo.

" : Indicios de ouro.

Alfredo Pedro Guisado: Distancia.

" : Escadaria.

Fernando Pessoa: Episodios.

" : Theatro ~~estatico~~

" : Livro do Desassocego.

[10]

NEOPAGANISMO (NEONATURALISMO)[1]

Ricardo Reis (ou António Mora): O Regresso dos Deuses, e outros estudos neopagãos. (a vol[ume] like André Beaunier's *La poésie nouvelle*).

Alberto Caeiro: O Guardador de Rebanhos.
: O Pastor Amoroso.

António Mora: Introdução ao estudo da metafísica.

Ricardo Reis: Odes, liv[ros] I a IV

SENSACIONISMO

Álvaro de Campos: Arco do Triunfo – cinco odes[2]
(«Ao mestre – Alberto Caeiro»)

INTERSECCIONISMO

Mário de Sá-Carneiro: A Confissão de Lúcio.
: Dispersão.
: Céu em fogo.
: Indícios de ouro.

Alfredo Pedro Guisado: Distância.
: Escadaria.

Fernando Pessoa: Episódios.
: Teatro estático.
: Livro do Desassossego

1 A palavra «Neo-naturalismo» está dubitada.
2 Variante subposta: «apoteoses em verso».

POSFÁCIO

Durante largos anos, os leitores de Caeiro tiveram que se contentar com a edição da Ática, de Luiz de Montalvor, com data de 1946 – repleta de erros, feita sobretudo a partir dos textos dactilografados por Pessoa, levados assim mesmo para a tipografia, e anotados por ele e pelos tipógrafos. Os erros de leitura são frequentes e as omissões também, quando não conseguem ler a letra de Pessoa: assim foi eliminada a última quadra do poema XVI do «Guardador de Rebanhos». É, mesmo assim, preferível, de longe, à Edição Crítica de Ivo Castro – e às que dela derivaram – que desfigura, reescrevendo-os, os versos pessoanos. Pessoa tem que ser genial para sobreviver aos tratos de polé a que os seus editores o têm sujeitado!

Maria Aliete Galhós, na edição que fez para a editora brasileira Aguilar, em 1960, longamente reeditada, retomou essas edições por não ter tido acesso aos originais, ainda não regressados da editora, como pessoalmente me contou. E António Quadros também destas se serviu nas suas *Obras de Fernando Pessoa*, em 1986.

No já referido livro que editei, em 1990, *Pessoa por Conhecer*, para revelar o muito que havia ainda a descobrir nesse mal explorado planeta, apresentei dez poemas inéditos de Caeiro (p. 366-374), no volume II, e outro ainda no *Jornal de Letras* (n.º 15, aqui, de «Poemas Inconjuntos»).

A 13-06-2008, Luís Miguel Queirós publicou (no *Público*) «Três leituras de um inédito de Caeiro», encontrado rabiscado numa página de um livro da biblioteca de Pessoa, empreendidas por Jeronimo Pizarro, Maria do Céu Estibeira e Richard Zenith. Não concordando com nenhuma delas, enviei a minha para o *Público*, que não a publicou nem acusou. Mas, curiosamente, nas edições posteriores da poesia de Caeiro de R. Zenith e de J. Pizarro, a leitura do dito poema coincide com a minha, só agora publicada, embora no artigo do *Público* citado dela divergissem em vários pontos. (Veja-se em *http://www.publico.pt/portugal/jornal//tres-leituras-de-um-inedito-de-caeiro-264803*) De facto, foi bom terem eliminado a monstruosidade gramatical, sem qualquer sentido, do antepenúltimo verso, precedido por «Falso é falar de infinitos»: «Como se soubéssemos o que são de os podermos entender». A minha leitura, em português escorreito, posteriormente adoptada por eles, foi e é: «Como se soubéssemos o que são ou os pudéssemos entender.»

Para elucidação do leitor, estabeleci comparação dos textos fixados neste livro com os das últimas edições a que mais provavelmente recorrerá: *Poesia de Alberto Caeiro*, edição de Richard Zenith e Fernando Cabral Martins (Lisboa, Assírio & Alvim, 2009, abreviada Z/M) e o volume IV (só publicado em 2015) da Edição Crítica de Fernando Pessoa (Série Maior, de Ivo Castro, *Poemas de Alberto Caeiro*, pela Imprensa Nacional-Casa da Moeda, abreviada IC. Os poemas desta última publicação foram disseminados pela edição popular, recente, que o *Expresso* distribuiu com o seu jornal, apelidando-a «Obra essencial de Fernando Pessoa», coordenada por Ivo Castro, seguindo o desfigurador método da chamada «Edicão Crítica».

Dei conta, em nota, das minhas principais divergências de ambas as edições, muito particularmente da segunda. Limito-me às mais importantes, no que respeita à fixação do texto e articulação dos versos. Em relação a Z/M, além de não concordar com algumas das suas leituras, divirjo também em relação à inclusão de um texto, à exclusão de outros e à atribuição a Caeiro de um texto em prosa, «Só a prosa é que se emenda» (aqui texto 2 de Anexos), como justifico em nota. Caeiro não deixou prosas. A edição de J. Pizarro e P. Ferrari, *Obra Completa de Alberto Caeiro*, também induz nesse erro, separando os textos no índice geral que abre o livro em «Poesia» e «Prosa» (Lisboa, Tinta da China, 2016).

(Des)orientada pelo método da Edição Crítica, de que Pizarro foi assíduo colaborador, veio a público esta edição de Caeiro com a minha já em provas. Acrescentei rápidas referências, em notas, aos seus abusos textuais.

Não tendendo a ser uma edição crítica, direccionada sobretudo para especialistas, resulta ainda mais perniciosa pretendendo vulgarizar o novo texto pessoano assim abusivamente obtido.

A edição fac-similada do manuscrito do «Guardador de Rebanhos», de Ivo Castro, de 1986 (pela D.Quixote), é por ele apresentada como o modelo a usar na futura edição crítica das obras pessoanas (iniciada em 1990 com *Poemas* de Álvaro de Campos), inaugurando o seu método dito crítico-genético. A análise dessas duas obras, sobre as quais fui chamada a pronunciar-me, levou-me a afirmar, com apoio em provas irrefutáveis (expostas em publicações várias e no posfácio da minha edição da *Poesia de Álvaro de Campos* – Lisboa, Assírio & Alvim, 2ª edição, 2013), que o dito método se revela inteiramente inadequado a Pessoa. Ivo Castro trata como emendas as variantes incansavelmente anotadas por Pessoa nos seus textos (alternativas a palavras ou versos que a si próprio sugere e regista para mais tarde escolher): às vezes imediatamente a seguir, entre parênteses, ou posteriormente, por cima, por baixo ou ao lado da(s) palavra(s) posta(s) em causa. São apenas sugestões que se faz a si-próprio, sem rejeitar a(s) palavra(s) a que se refere(m). Quando a(s) rejeita, risca-a(s) – isto é, emenda-as, substituindo-a(s) pela(s) que lhe(s) prefere. IC confunde variantes com correcções (só é correcção quando Pessoa risca o que recusa), dando-lhes igual tratamento: insere as variantes no texto em substituição da(s) palavra(s) posta(s) em causa.

Apresentei, em escritos vários, a prova real de que é abusiva essa substituição, que Ivo Castro e todos os colaboradores da Edição Crítica por ele orientada vêm perpetrando, e com isso reescrevendo e desfigurando o texto pessoano: quando Pessoa edita os seus textos não procede, em relação às suas variantes, como os seguidores do método da Edição Crítica.

Sugeri a IC, nesses artigos por ele mal recebidos, que comparasse os poemas manuscritos do referido Caderno, por si editado, com a versão definitiva que Pessoa deu aos que publicou em *Athena*: verificaria, como eu que, muitas vezes, ele mantém o que escreveu na linha corrida, ignorando a variante; outras, usa palavra(s) inteiramente nova(s) e, quando recorre à variante, nem sempre é à «última», como

Ivo Castro diz que deve ser. O seu processo, aplicado cegamente, leva a versos catastróficos (dei a conhecer alguns em notas de rodapé), ou a aberrações como fazer Caeiro declarar que se seguem «dois poemas», variante sobreposta a «quatro» (antes de o autor ter decidido quantos poemas iria escrever), apesar de apresentar seguidamente os quatro poemas que o Poeta acabaria por compor... Não o afligem os versos intragáveis que engendra com o seu método, como os dois últimos do poema em questão, o XV do «Guardador de Rebanhos», em que Caeiro diz das tais «quatro canções», que parecem «renegá-lo», são apenas «a paisagem da minha alma de noite, / A mesma ao contrário...», assim recriados por IC: «São o campo da minha maneira de noite / O mesmo e mais a noite.»... Nem sequer o incomodam as monstruosidades gramaticais que cria com o seu método, como, por exemplo, ao transformar os versos do poema VIII, do «Pastor Amoroso»: «Olho, e esqueço, como o mundo enterra e as árvores se despem» em: «Olho, e esqueço, como seca onde foi água e nas árvores desfolha». A cristalina beleza do primeiro verso do penúltimo dos «Poemas Inconjuntos», «A neve pôs uma toalha calada sobre tudo.», é assim esfrangalhada nas edições de IC e P/F: «A neve pôs uma toalha empuxada na mesa de tudo.» Que pena!, porque neste poema decisivo para a ficção da «vida» de Caeiro, dir-se-ia que ele aceita a mortalha que a Natureza lhe oferece para regressar ao «nada luminoso que somos».

Arrepia-me pensar o que farão com versos destes os tradutores que recorram à Edição Crítica para garantia do rigor dos seus textos ou, mais quotidianamente, os meninos das famílias que se tenham precipitado sobre as edições do *Expresso*, já que Pessoa está nos programas de todas as escolas.

Nas suas recentes edições da *Poesia* de Caeiro (de 2015), Ivo Castro e Pizarro/Ferrari vão mais longe ainda na obra de desfiguração: socorrendo-se do exemplar da *Athena* disponível na biblioteca de Pessoa (agora na Casa Pessoa), permitem-se estropiar, com o famigerado método, esses versos por Pessoa cuidados e editados! É que ele, eterno insatisfeito em relação aos seus escritos, foi anotando, a lápis, nesse seu exemplar, as tais «variantes» – que lhe ocorreram quando releu os versos publicados, e que levaria ou não em conta numa posterior edição. São variantes apenas, não emendas! Fez também algumas raras emendas e acrescentos, e esses, sim, respeitei-os e introduzi-os na presente edição. É, de facto, inadmissível que Ivo Castro se não recordasse do procedimento de Pessoa em relação a dois exemplares dos *English Poems*, editados por Pessoa em 1918, reeditados pela Edição Crítica: um deles contém uma infinidade de variantes que lhe foram ocorrendo no decurso de diferentes releituras, e que desfigurariam inteiramente o texto se fosse editado por Ivo Castro; o outro exemplar, esse já preparado por Pessoa para reedição (que felizmente foi encontrado na arca!) contém apenas algumas (poucas) emendas, que raramente respeitam as anteriores variantes. Bastaria o cotejo dos dois exemplares – dados a conhecer precisamente pela Edição Critica – para invalidar inteiramente o método por ele e por ela seguido!

Aliás, IC não é inteiramente fiel ao seu método: umas vezes incorpora essas variantes, outras não. Faz ainda pior, se é possível: permite-se engendrar textos novos a partir dos pessoanos, como quem fabrica mantas de retalhos. Não se limita, por exemplo, no caso dos poemas publicados em *Athena*, a introduzir, quando calha, as tais variantes esboçadas por Pessoa no seu exemplar: introduz ainda outras emendas, recorrendo a anteriores versões dos poemas!

Se sou tão severa com a Edição Crítica e suas derivadas não é especialmente por tal obra desfiguradora dos textos pessoanos ser subsidiada pelo erário público e editada pela Imprensa Nacional, mas porque penso nos leitores e tradutores do autor que representa, neste momento, nacional e internacionalmente, a literatura portuguesa.

T.R.L.

NOTAS E ÍNDICES

Preâmbulo de Teresa Rita Lopes 7

[Nota prefacial dos parentes de Alberto Caeiro] 29
[21-75] Ms.

Prefácio de Ricardo Reis 31
[21-73 e 74] Ms. Existem numerosos prefácios de Ricardo Reis, que encarou mesmo desenvolvê--los e publicá-los num opúsculo que incluía a história do «Cristismo», por si responsabilizado pela decadência do Ocidente. Preenchi os espaços deixados em branco: o dia de nascimento de Caeiro, o número de poemas de «O Pastor Amoroso» e o número da ode de Ricardo Reis. Eliminei o ponto de interrogação após «quinta do Ribatejo», informação biográfica confirmada por Pessoa nas *Notas para a Recordação do Meu Mestre Caeiro* (ed. Teresa Rita Lopes, Editorial Estampa, Lisboa, 1997).

LIVRO I
O GUARDADOR DE REBANHOS

Dos 49 poemas desta série, 23 foram publicados na revista *Athena*, em 1925, e o poema VIII na revista *presença*, em 1931 – e como tal os reproduzimos. A fonte textual dos outros é um caderno com a cota 145 do espólio E3 da Biblioteca Nacional, em que estes poemas foram manuscritos, com as suas datas reais (na edição da *Athena* esta série recebeu a data ficcional 1911-1912, de acordo com as datas atribuídas ao nascimento e morte de Caeiro aí mencionadas: 1889-1915, fonte de equívocos para os exegetas).

I *Eu nunca guardei rebanhos,* 39
Data no Caderno: 08-03-1914. Publicado na revista *Athena*, n.º 4, 1925.

II *O meu olhar é nítido como um girassol* 40
Data no Caderno: 08-03-1914. Existe um manuscrito (68-3) com dois versos variantes dos vv. 11-12: «Sinto-me recém-nascido a cada momento / Para a completa novidade do mundo.».

III *Ao entardecer, debruçado pela janela,* 41

IV *Esta tarde a trovoada caiu* 42

V *Há metafísica bastante em não pensar em nada.* 44
Publicado na revista *Athena*, n.º 4, 1925.

VI *Pensar em Deus é desobedecer a Deus,* 46
A quinta palavra do último verso tem sido lida «mais» por todos os editores. Corrijo para «depois»: compare-se esta palavra com a nona, «mais», e veja-se a diferença. Ver Caderno em *http://purl.pt/1000/1/alberto-caeiro/obras/bn-acpc-e-e3/bn-acpc-e-e3_item302/p29.html*

VII *Da minha aldeia vejo quanto da terra se pode ver do universo* 46

VIII *Num meio-dia de fim de primavera* 47

Publicado na revista *presença*, n.º 30, de Janeiro-Fevereiro de 1931.

IX *Sou um guardador de rebanhos.* 51

Publicado na revista *Athena*, n.º 4, 1925. Apontamento no verso de um testemunho dactilografado do poema com a cota 14B-28^{v}, riscado (provavelmente por ter sido refeito): «Se nos houvessem dito que era de um materialista que havia de emanar a mais original e mais límpida poesia, a poesia mais puramente poesia, de hoje, não nos levariam a mal que duvidássemos. Se nos falassem num místico materialista, mas um místico com todas as qualidades de requinte espiritual do místico, e ao mesmo tempo o mais absoluto e radical dos materialistas, nem nos daríamos ao trabalho de virar as costas ao grosseiro paradoxo. Se alguém nos dissesse que haveria um poeta de hoje que apareceria com uma poesia inteiramente nova, o total contrário da nossa — encolheríamos talvez os ombros, quase não □. Alberto Caeiro realiza estas contradições todas. Saudemos nele o mais original dos poetas modernos, um dos maiores poetas de todos os tempos...»

X *«Olá, guardador de rebanhos,* 52

Publicado na revista *Athena*, n.º 4, 1925. Apontamento no verso do testemunho dactilografado do poema com a cota 14B-29, riscado (pela hipotética razão avançada na nota anterior): «A sua poesia é tão natural que por vezes nos parece não ter nada de grande ou de sublime... É tão espontânea e ingénua que nos esquecemos que é completamente nova, inteiramente original.»

XI *Aquela senhora tem um piano* 52

XII *Os pastores de Virgílio tocavam avenas e outras cousas* 53

Data no testemunho 68-12^{r}: 12-04-1919.

XIII *Leve, leve, muito leve,* 53

Publicado na revista *Athena*, n.º 4, 1925.

XIV *Não me importo com as rimas. Raras vezes* 53

XV *As quatro canções que seguem* 55

Apontamento [14B-26^{v}] no verso de um poema dactilografado, riscado: «O que admiro em Alberto Caeiro é o forte pensamento – sim, um raciocínio – que une e liga os seus poemas. Ele nunca se contradiz, na verdade, e quando pode parecer que se contradiz, lá está, num ou noutro canto dos seus versos, a alegação prevista e respondida. Profunda coerência da própria obra, o pensamento sobrepondo-se à inspiração? Ou profundo génio de um grego sentindo e vendo tudo? Em qualquer das hipóteses, a figura literária é enorme, estupenda, grande de mais, até, para a pequenez polícroma da nossa época.».

XVI *Quem me dera que a minha vida fosse um carro de bois* 56

Data no testemunho 67-38a^{v}: 04-03-1914.

XVII *No meu prato que mistura de Natureza!* 56

Data no testemunho 67-29a: 07-03-1914. Na página branca ao lado do poema, no Caderno: «withdraw (early)». Apontamento avulso, com indicação «A. C.» (68A-2^{r}): «Aqui, na poesia 17, é que colhemos em acção as influências fundadoras de Caeiro: Cesário Verde e os neopanteístas portugueses. E o 7.° verso é Cesário Verde puro. O tom geral podia quase ser de Pascoaes.».

XVIII *Quem me dera que eu fosse o pó da estrada*... 57
Na página branca ao lado do poema, no Caderno: «withdraw (early)».

XIX *O luar quando bate na relva*... 57
Data no testemunho 67-38a^{v}: 04-03-1914.

XX *O Tejo é mais belo que o rio que corre pela minha aldeia,*... 58
Data no testemunho 67-29a: 07-03-1914. Publicado na revista *Athena*, n.º 4, 1925. Tanto IC como P/F seguiram a errada sugestão de Pessoa, no seu exemplar da *Athena*, de pôr no plural o verbo «navegam» (5º verso), apesar de o sujeito ser singular («memória»). Ver *http://casafernandopessoa.cm-lisboa.pt/bdigital/0-28MN/1/0-28MN_item1/P225.html*

XXI *Se eu pudesse trincar a terra toda*... 58
Data no testemunho 67-29^{v}: 07-03-1914.

XXII *Como quem num dia de verão abre a porta de casa*... 59

XXIII *O meu olhar azul como o céu* 60

XXIV *O que nós vemos das cousas são as cousas.* 60
Data no Caderno: 13-03-1914. Publicado na revista *Athena*, n.º 4, 1925.

XXV *As bolas de sabão que esta criança* 61
Data no Caderno: 13-03-1914. Publicado na revista *Athena*, n.º 4,1925.

XXVI *Às vezes, em dias de luz perfeita e exacta,*.. 61
Data no Caderno: 11-03-1914. Publicado na revista *Athena*, n.º 4,1925. Seguindo a prática habitual, IC e P/F, em vez de respeitarem integralmente a versão publicada por Pessoa, introduzem a variante acrescentada por ele no seu exemplar pessoal, no último verso: em vez de «ser próprio», «ter olhos». De sua iniciativa, IC põe o verso entre parênteses (note-se que Pessoa os não acrescentou nesse exemplar).

XXVII *Só a Natureza é divina, e ela não é divina*.. 62

XXVIII *Li hoje quase duas páginas* 62
Publicado na revista *Athena*, n.º 4,1925.

XXIX *Nem sempre sou igual no que digo e escrevo.*.. 63

XXX *Se quiserem que eu tenha um misticismo, está bem, tenho-o.*.. 63
Publicado na revista *Athena*, n.º 4,1925. IC e P/F não respeitam, como habitualmente, esta última versão editada por Pessoa, modificando-lhe mesmo a biografia: Fazem-no viver «a meio de um outeiro», socorrendo-se de uma variante na versão anterior, manuscrita no Caderno, em que admite, como variante a «no cimo de um outeiro», «a meio de um outeiro».

XXXI *Se às vezes digo que as flores sorriem* 64

XXXII *Ontem à tarde um homem das cidades* 64
Publicado na revista *Athena*, n.º 4,1925.

XXXIII *Pobres das flores nos canteiros dos jardins regulares.* 65

XXXIV *Acho tão natural que não se pense* 67

XXXV *O luar através dos altos ramos,* 68
Data no testemunho 67-38r: 04-03-1914. Publicado na revista *Athena*, n.º 4, 1925.

XXXVI *E há poetas que são artistas* 68

XXXVII *Como um grande borrão de fogo sujo* 69
Pulicado na revista *Athena*, n.º4, 1925.

XXXVIII *Bendito seja o mesmo sol de outras terras* 70

XXXIX *O mistério das cousas, onde está ele?* 70
Data no testemunho 67-38r: 04-03-1914. Publicado na revista *Athena*, n.º 4, 1925.

XL *Passa uma borboleta por diante de mim* 71
Data no Caderno: 07-05-1914. Publicado na revista *Athena*, n.º 4, 1925.

XLI *No entardecer dos dias de verão, às vezes,* 73
Data no Caderno: 07-05-1914.

XLII *Passou a diligência pela estrada, e foi-se;* 74
Data no Caderno: 07-05-1914. Publicado na revista *Athena*, n.º 4, 1925.

XLIII *Antes o voo da ave, que passa e não deixa rasto,* 75
Data no Caderno: 07-05-1914. Publicado na revista *Athena*, n.º 4, 1925.

XLIV *Acordo de noite subitamente,* 77
Data no Caderno: 07-05-1914.

XLV *Um renque de árvores lá longe, lá para a encosta* 78
Data no Caderno: 07-05-1914. Publicado na revista *Athena*, n.º 4, 1925.

XLVI *Deste modo ou daquele modo* 78
Data no Caderno: 10-05-1914. Publicado na revista *Athena*, n.º 4, 1925.

XLVII *Num dia excessivamente nítido,* 79
Publicado na revista *Athena*, n.º 4, 1925. «Caeiro é o São Francisco de Assis do novo paganismo. (A. Mora)» - é uma nota no verso de outro testemunho 121-16v deste poema.

XLVIII *Da mais alta janela da minha casa* 80
Publicado na revista *Athena*, n.º 4, 1925.

[XLIX] *Meto-me para dentro, e fecho a janela*.. 81

Publicado na revista *Athena*, n.º 4, 1925. Aceitei o acrescento feito pelo autor no número pessoal da *Athena*, no 6º verso, «aqui», por se tratar de uma correcção e não de uma variante. Pessoa eliminou neste verso o artigo «o» antes de «mundo», que teria como resultado «como se acabasse mundo», correcção não adoptável, como reconhecem IC e P/F, que o não fizeram, mas sem sobre isso se manifestarem. *Ver http://casafernandopessoa.cm-lisboa.pt/bdigital/0-28MN/1/0 28MN_item1/P232.html*

LIVRO II
O PASTOR AMOROSO

Só os primeiros dois poemas deste conjunto foram numerados por Pessoa. A numeração dos seguintes, entre parênteses rectos, é da minha responsabilidade. Nem IC nem Z/M assinalaram com parênteses essa sua intromissão. Considerei este «livro» constituído por nove poemas – mais um do que Z/M, IC e P/F, pela razão apresentada em nota ao poema [VII]. Os sete últimos poemas são de: 1929, o sétimo e o oitavo, e de 1930 os restantes. Segui na sua apresentação o fio do desenvolvimento ficcional do «caso amoroso» e não a cronologia.

[I] *Quando eu não te tinha*.. 85

[67-55r; 65-63r; 67-56r] Ms. Data no manuscrito 67-55r: 06-07-1914.

[II] *Vai alta no Céu a Lua da Primavera*.. 87

[67-56r] Ms. 06-07-1914.

[III] *Agora que sinto amor*.. 89

[67-67r] Misto. 23-07-1930.

[IV] *Todos os dias agora acordo com alegria e pena*.. 90

[67-67r] Misto. 23-07-1930. IC e P/F consideram este poema continuação do anterior, apesar de estar dele separado por um longo traço evidente e corresponder a outro momento de escrita, talvez noutra máquina, a vermelho. Em compensação, eliminam os dois versos finais, também correspondentes a outro momento de escrita, mas que tudo indica serem o fecho do poema. Enquanto que a reunião dos dois poemas me parece inaceitável, esta é admissível, embora pouco provável. Mas como não encontro esses dois versos no *corpus* caeiriano de IC e de P/F, constato que os rejeitaram, o que então já será inadmissível.

[V] *O amor é uma companhia.*.. 91

[67-63r] Dact. 10-07-1930.

[VI] *Passei toda a noite, sem saber dormir, vendo sem espaço a figura dela*........................ 93

[67-65r] Misto. 10-07-1930.

[VII] *Eu não sei falar porque estou a sentir.* 95

[68-14v] Ms. Data no recto da folha: 18-11-1929. A respeito da sua independência do poema que está no recto da folha, apresentado seguidamente, veja-se a sua nota final. A situação (no sentido dramático do termo) deste monólogo, ainda sob o encantamento de «estar a sentir» – isto é, a amar –, erguendo hinos ao cabelo, à boca e aos dentes da amada, difere totalmente da do poema seguinte, em que já conclui que «não serve para sentir» e fala de amor no passado («amei e não fui amado»), não escondendo a sua «vontade de lágrimas».

[VIII] *Talvez quem vê bem não sirva para sentir* 97

[68-14r] Ms. 18-11-1929. A atribuição a Caeiro está estranhamente interrogada: talvez, quando começou o poema, não soubesse logo em nome de quem falava, só o adivinhando em seguida, quando formalizou a atribuição ao «Pastor Amoroso». Como refiro em rodapé, este poema está separado do que vem no verso da folha, e como tal deve ser considerado, embora nem IC, nem Z/M, nem P/F o tenham feito; aliás, nem eu própria, em *Pessoa por Conhecer*, onde foi publicado pela primeira vez.

[IX] *O pastor amoroso perdeu o cajado,* 98

[67-64r] Misto. 10-07-1930. IC não respeitou a ficção pessoana que obriga a pôr este poema em último lugar (Z/M levaram isso em conta), obedecendo ao seu habitual critério cronológico. Não o observou, contudo, ao colocar, a seguir aos dois primeiros poemas, datados de 1914, os últimos de 1929 e 1930.

LIVRO III
ANDAIME - POEMAS INCONJUNTOS

Antes de se fixar no título «Poemas Inconjuntos», Pessoa imaginou para a terceira parte do livro de Caeiro, que reuniria poemas avulsos, o título «Andaime», como Ricardo Reis explicita num dos numerosos prefácios que escreveu para a obra do mestre: «Este título, embora da autoria de Caeiro, não é porventura o que ele escolheria. Mas sirvo-me dele, para esta parte da obra, porque uma pessoa da sua família me contou que ele uma vez dissera, perto já da morte, e falando desta obra fragmentária: «Não passa de um andaime." [21-105r]».

Dezasseis dos «Poemas Inconjuntos» foram publicados no último número da *Athena* (Fevereiro de 1925) e mais um, o «penúltimo», na *presença* (Março-Junho de 1931).

[1] *Passar a limpo a matéria* 103

[57A-57v] Ms. 17-09-1914. IC não incluiu, na sua edição, este poema que, embora sem atribuição, é nitidamente de Alberto Caeiro.

[2] *O que vale a minha vida? No fim (não sei que fim)* 104

[57A-57v] Ms. Sem atribuição.17-09-1914. Escrito no mesmo suporte do poema anterior. Inicialmente escrito a lápis, numa folha em que coabita com um poema ortónimo, outro de Ricardo Reis e ainda outro também de Caeiro, o poema foi concluído a tinta, aparentemente num posterior momento de escrita. Embora sem atribuição, é indiscutivelmente de Caeiro. IC, apesar deste poema ter sido publicado pela primeira vez por Z/M, em 2001, não o inclui na sua edição crítica de 2015.

[3] *Aceita o universo* 105

[68-1r] Ms. Z/M e P/F consideram o poema de atribuição incerta, porque admitem que a indicação «Mora?» que o precede se lhe refira, apesar da atribuição a Caeiro, ao lado do poema, ser explícita. Essa atribuição interrogada refere-se às oito linhas anteriores em prosa deste semi--heterónimo, sociólogo, que rarissimamente ousou poetar.

[4] *A espantosa realidade das coisas* 106

Data do testemunho 67-53r: 07-11-1915. Publicado na revista *Athena*, n.º 5, 1925, com o evidente lapso, no penúltimo verso, «seus», que corrigi para «meus».

[5] *Quando tornar a vir a primavera* 107

Data do testemunho 67-52r: 07-11-1915. Publicado na revista *Athena*, n.º 5, 1925.

[6] *Se eu morrer novo,* 108

Data no dactiloescrito 67-52r, que reúne, além deste, uma série de «Poemas Inconjuntos»: 07-11-1915. Publicado na revista *Athena*, n.º 5, 1925.

[7] *Quando vier a primavera,* 109

Data no dactiloescrito 67-52r: 07-11-1915. Publicado na revista *Athena*, n.º 5, 1925.

[8] *Se, depois de eu morrer, quiserem escrever a minha biografia,* 110

Data no dactiloescrito 67-54v, que reúne, além deste, outros poemas inconjuntos: 08-11--1915. Publicado na revista *Athena*, n.º 5, 1925.

[9] *Nunca sei como é que se pode achar um poente triste.* 111

[67-54r] Dact. Data no dactiloescrito 67-54v, que reúne, além deste, outros poemas inconjuntos: 08-11-1915.

[10] *Um dia de chuva é tão belo como um dia de sol.* 112

[67-54r] Dact. Data no dactiloescrito 67-54v, que reúne, além deste, outros poemas inconjuntos: 08-11-1915.

[11] *Quando a erva crescer em cima da minha sepultura,* 113

[67-54v] Dact. [08-11-1915].

[12] *É noite. A noite é muito escura. Numa casa a uma grande distância* 114

[67-58r] Dact. [08-11-1915].

[13] *Falas de civilização, e de não dever ser,* 115

Publicado na revista *Athena*, n.º 5, 1925. (O original dactilografado [67-45] é uma versão abreviada do que foi publicado).

[14] *Todas as teorias, todos os poemas* 116

[58-2v] Ms. 11-01-1916. Escrito no mesmo suporte que um fragmento da «Ode Marcial» de Campos.

[15] *Leram-me hoje S. Francisco de Assis* 117

[58-45^{r}] Ms. Sem atribuição. 21-05-1917. Primeira publicação: Teresa Rita Lopes, em *Jornal de Letras*, em 1991. No verso da mesma folha, no mesmo momento de escrita, redigiu mais três poemas, também atribuíveis, sem risco de erro, a Caeiro. Nenhum destes quatro foi incluído por IC na sua edição.

[16] *Sempre que penso uma cousa, traio-a.* 118

[58-45^{v}] Ms. Sem atribuição. Data no recto da folha, no mesmo momento de escrita: 21-05-1917.

[17] *Eu queria ter o tempo e o sossego suficientes* 119

[58-45^{v}] Ms. Sem atribuição. Data no recto da folha, no mesmo momento de escrita: 21-05-1917.

[18] *A manhã raia. Não: a manhã não raia.* 120

[58-45^{v}] Ms. Sem atribuição. Data no recto da folha, no mesmo momento de escrita: 21-05-1917.

[19] *No dia brancamente nublado entristeço quase a medo* 121

[16A-6] Ms. 01-10-1917. Um ponto de interrogação precede a atribuição a Caeiro, que parece inquestionável. Talvez, ao iniciar o poema, Pessoa ainda não esteja certo da voz que «psicografa»... De facto, os dois versos iniciais, separados dos outros por largo espaço, não parecem de Caeiro, sobretudo pela expressão «problemas que finjo». A fala caeiriana só começa a acontecer nos seguintes. O apontamento no cimo da página com a cota 16A-7^{v} e com o número «4» não deve ser uma variante do final deste poema, como admitem Z/M, mas simples reflexão à margem: «... mas o Universo existe mesmo sem o Universo. / Esta verdade capital é falsa só quando é dita, / Porque foi pensada». Este verso final foi riscado.

[20] *A criança que pensa em fadas e acredita nas fadas* 123

[16A-7^{r}] Ms. 01-10-1917. Corresponde ao mesmo momento de escrita que o anterior e que os dois seguintes.

[21] *De longe vejo passar no rio um navio...* 124

[16A-7^{r}] Ms. 01-10-1917.

[22] *A noite desce, o calor soçobra um pouco.* 125

[16A-7^{v}] Ms. 01-10-1917.

[23] *Quando está frio no tempo do frio, para mim é como se estivesse agradável,* 126

[67-59^{r}] Dact. Data de uma série de poemas, a que este pertence, no verso da folha: 24-10-1917.

[24] *Seja o que for que esteja no centro do mundo,* 127

[67-59] Dact. Data de uma série de poemas, a que este pertence, no verso da folha: 24-10-1917.

[25] *A guerra [,] que aflige com os seus esquadrões o mundo,* *129*

[67-60^{r}] Dact. Data no verso da folha 59: 24-10-1917.

[26] *Todas as opiniões que há sobre a Natureza* 130

[16A-8^{r}] Ms. 29-05-1918.

[27] *Navio que partes para longe,* 131
[16A-8^{r}] Ms. 29-05-1918.

[28] *Pouco a pouco o campo se alarga e se doura.* 132
[16A-9^{r}] Ms. 29-05-1918.

[29] *Última estrela a desaparecer antes do dia,* 133
[16A-9^{r}] Ms. 29-05-1918.

[30] *A água chia no púcaro que elevo à boca.* 134
[16A-9^{r}] Ms. 29-05-1918.

[31] *O que ouviu os meus versos disse-me: que tem isso de novo?* 135
[16A-9^{v}] Ms. Data no lado recto da folha: 29-05-1918.

[32] *Ontem o pregador de verdades dele* 136
Publicado na revista *Athena*, n.º 5, 1925.

[33] *O quê? Valho mais que uma flor* 137
[65-71^{v} e 71^{ar}] Ms.

[34] *Criança desconhecida e suja brincando à minha porta,* 140
Data no testemunho 67-49^{v}: 12-04-1919. Publicado na revista *Athena*, n.º 5, 1925.

[35] *Verdade, mentira, certeza, incerteza...* 141
Data do testemunho 67-49^{r}: 12-04-1919. Publicado na revista *Athena*, n.º 5, 1925.

[36] *Uma gargalhada de rapariga soa do ar da estrada.* 142
Data no testemunho 67-49^{v}: 12-04-1919. Publicado na revista *Athena*, n.º 5, 1925.

[37] *Noite de S. João para além do muro do meu quintal.* 143
Data no testemunho 67-49^{v}: 12-04-1919. Publicado na revista *Athena*, n.º 5, 1925.

[38] *Tu, místico, vês uma significação em todas as cousas.* 144
Data no testemunho 67-50^{r}: 12-04-1919. Publicado na revista *Athena*, n.º 5, 1925. No testemunho 67-50, o poema é encimado pela indicação «Livro por escrever»: referia-se provavelmente à secção «Andaime», posteriormente intitulada «Poemas Inconjuntos».

[39] *Pastor do monte, tão longe de mim com as tuas ovelhas –* 145
Data no testemunho 67-50^{v}: 12-04-1919. Publicado na revista *Athena*, n.º 5, 1925.

[40] *Ah, querem uma luz melhor que a do sol!* 146
[68-12] Ms. 12-04-1919. A segunda parte do poema, no verso da folha, a partir de «Aquela cousa», não foi publicada pela Ática. Editei-a pela primeira vez em *Pessoa por Conhecer*, admitindo poder tratar-se de outro poema. Preferi, contudo, considerá-lo um só. Z/M, IC e P/F, lêem diferentemente o primeiro verso dessa segunda parte: «está mais ali». «Estar mais ali» equivale a dizer «que esteja mais ali», dependendo, como o verso anterior, de «o que eu quero é».

[41] *Pétala dobrada para trás da rosa que outros diriam de veludo,*................................ 147

[67-48v] Ms. Data no testemunho 67-49v, comum a um conjunto de poemas correspondentes a um mesmo momento de escrita: 12-04-1919.

[42] *Entre o que vejo de um campo e o que vejo de outro campo*...................................... 148

Data no testemunho 67-46v: 20-04-1919. Publicado na revista *Athena*, n.º 5, 1925.

[43] *Gozo os campos sem reparar para eles.*... 149

[67-47r] Dact. 20-04-1919.

[44] *Não tenho pressa. Pressa de quê?*.. 151

[68-13] Ms. 20-06-1919. Este poema coexiste numa mesma folha, recto e verso, com três outros escritos, considerados por IC e Z/M três poemas separados. Pessoa começou, de facto, no alto da página, depois da atribuição, o poema «Não tenho pressa: não a têm o sol e a lua.» Ao cabo de três versos, sem impulso para o continuar, escreveu a data e iniciou o que pode ser considerado outro texto. No verso da folha, no mesmo momento de escrita, continuou a manifestar-se como Caeiro, retomando a frase inicial «Não tenho pressa», e, nos versos que se seguiram, desenvolveu ideias e palavras desses três versos iniciais. Realizou, assim, um amplo poema iniciado em 13r, depois da atribuição a Caeiro, e não apenas no verso da folha, como entendem Z/M e IC. Mas, no verso da folha, no mesmo momento de escrita, apeteceu-lhe continuar o poema interrompido. Poderíamos ligar estes dois textos (do recto e do verso), tolerando a evidente redundância, mas optei por separá-los. Ponho igualmente em causa a forma como fixei em *Pessoa por Conhecer* o texto do recto e verso da folha, até aí inédito, considerando--o um só poema. Embora seja admissível encará-lo como tal (tanto Campos como Caeiro são por vezes descontínuos nos seus raciocínios), prefiro dividi-lo em três partes: um esboço abandonado de três versos, publicado em «Versos Avulsos Dispersos», seguido por dois poemas independentes.

[45] *Sim: existo dentro do meu corpo.*.. 152

[68-13r] Ms. 20-06-1919.

[46] *Gosto do céu porque não creio que ele seja infinito.* 153

O poema, escrito numa das páginas em branco do final do livro *Pioneer Humanists*, de John M. Robertson, pertencente à biblioteca pessoal de Fernando Pessoa, é precedido por uma remissão para a p. 249 do livro: «Socinians deny Gods prescience and omniscience», e por duas frases soltas: «um Deus infinito é imperfeito (?)» e «além do bem e do mal». Ver fac-símile. ***http://casafernando-pessoa.cm-lisboa.pt/bdigital/0-28MN/1/0-28MN_item1/P232.html***

[47] *Pouco me importa*.. 153

[67-60r] Dact. 24-10-1917.

[48] *Como uma criança antes de a ensinarem a ser grande,*.. 155

[68-4r] Ms. Na situação dos breves poemas que se seguem. Publicado pela primeira vez em Teresa Rita Lopes, *Pessoa por Conhecer*, 1990, vol. II, p. 366.

[49] *Não sei o que é conhecer-me. Não vejo para dentro.*.. 155

[68-4r] Ms. Mesma nota que no poema anterior, no que respeita à situação e à primeira publicação.

[50] *Patriota? Não: só português.* 155

[68-4ʳ] Ms. Mesma nota que nos poema n.os 47 e 48, no que respeita à situação e à primeira publicação. Li «falar-me» (palavra final). O manuscrito, a lápis, está rasgado neste sítio mas, aplicando a vista, adopto a leitura de Z/M.

[51] *Deito-me ao comprido na erva* 156

[68-5ʳ] Ms. Mesma nota que no poema anterior no que respeita à primeira publicação.

[52] *Falaram-me em homens, em humanidade,* 157

[68-5ᵛ] Ms. Mesma nota que no poema anterior no que respeita à primeira publicação. No final da página, Pessoa anotou variantes para os poemas XLV e XXIII de «O Guardador de Rebanhos»: «Muitas vezes várias vezes uma árvore», como plural de árvores, no que respeita ao primeiro, e, quanto ao segundo: «São assim, azuis e calmos / Porque não interrogo [variante: pergunto] com eles / Que posso eu perguntar a que alguém possa responder?». Antes do verso, o que parece um parênteses mas que não fecha no fim: sinal de dubitação?

[53] *Nunca busquei viver a minha vida.* 158

[68-6ʳ] Ms. Mesma nota que no poema anterior no que respeita à primeira publicação. Em *Pessoa por Conhecer* li «como se fosse eterno». Rendi-me à leitura de Z/M, por me sobrar a palavra «olhos»... Fisicamente, o rabisco está mais próximo de «eterno» do que «apenas».

[54] *Vive, dizes, no presente;* 159

[67-61ʳ] Dact. 19-07-1920. No verso, um comentário, não atribuído mas que se afigura ser de Álvaro de Campos ou de Ricardo Reis: «Nos últimos poemas como que se ressente da estada na cidade, ou de leituras ou do [que] quer que seja que lhe é naturalmente estranho.».

[55] *Dizes-me: tu és mais alguma cousa* 160

Data no testemunho 59-28a: 05-06-1922. Publicado na revista *Athena*, n.º 5, 1925.

[56] *Dizem que em cada coisa uma coisa oculta mora.* 162

[59-28 e 28aʳ] Ms. 05-06-1922.

[57] Sim, talvez tenham razão. 163

[59-27ᵛ] Ms. 04-06-1922. Pessoa escreveu no início do poema, sem contudo o riscar, «Não» em letras gordas, suponho que pela razão apresentada no prefácio: admite aqui a existência de deuses, em que habitualmente não crê. Também o poema n.º [62], significativamente dedicado a Ricardo Reis, se refere aos deuses nos mesmos termos.

Surge, no final do poema, um verso solto: «A ninfa é talvez o *fatum* da árvore ou do rio.». Os versos 8 e 9 são dubitados. IC não o incluiu na sua edição, e P/F e Z/M consideraram-no uma versão variante do poema n.º [56], o que, decididamente, não é: pela sua forma e seu conteúdo, é um poema independente. Pessoa não o rejeitou porque não o riscou.

[58] *Não basta abrir a janela* 164

Publicado na revista *Athena*, n.º 5, 1925. No manuscrito 67-44ʳ, a indicação «recent – (1923--4)-?».

[59] *Para além da curva da estrada*... 165
[68-10r] Dact. O testemunho dactilografado que reproduzo parece, à primeira vista, ter sido passado a limpo por outrem, atendendo a que, depois de Caeiro, foi acrescentado, entre parênteses: «data desconhecida». Contudo, reparei que um anterior original [51-100] traz a indicação, a lápis, «copied» (por isso, riscado) e que o poema copiado tem um verso a mais que mão alheia não poderia ter acrescentado. Este texto devia destinar-se a alguma revista, daí a encenação de «data desconhecida».

[60] *Hoje de manhã saí muito cedo,* 166
[67-62r] Ms.13-06-30. Depois da atribuição inicial a Caeiro, um ponto de interrogação e a abreviatura «ex», pondo em causa não a atribuição, como dizem IC e P/F, que o poema tem indiscutivelmente a sua marca, mas a sua inclusão numa publicação em vista.

[61] *Primeiro prenúncio da trovoada de depois de amanhã,*.. 167
[67-66r] Misto.10-07-30.

[62] *Também sei fazer conjecturas.* 168
Data no Caderno: 07-05-1922. Publicado na revista *presença*, n.os 31-32, de Março-Junho de 1931, com o título «Penúltimo poema», indicação que não segui, porque na ficção pessoana há outro, aparentemente posterior, mais merecedor deste lugar.

[63] *Estou doente. Meus pensamentos começam a estar confusos.*.................................. 169
[16A-7v] Ms. 01-10-1917.

[64] *Creio que irei morrer.*... 170
[16A-7r] Ms. 01-10-1917.

[65] *Ponham na minha sepultura*.. 171
[145-37v] Ms. 13-08-1923.

[66] *A neve pôs uma toalha calada sobre tudo.*.. 173
[67-68r] Dact.

[67] *É talvez o último dia da minha vida.* 175
[67-69r] Ms. Até à minha publicação em *Pessoa por Conhecer*, o poema aparecia sem a indicação inicial em inglês «last poem», importante para nos indicar a sua situação no livro de Caeiro (que continua a não ser respeitada por IC), e sem a nota inicial, «ditado pelo poeta no dia da sua morte», que é parte do corpo do poema e participa da ficção caeiriana. P/F também omitiu esta indispensável anotação mas colocou o poema no seu devido lugar.

APÊNDICE
VERSOS AVULSOS DISPERSOS

[1] *Sinto-me recém-nascido a cada momento* 181

[68-3r] Ms. Foi inserido por Pessoa no poema II do «Guardador de Rebanhos», com as seguintes diferenças: «nascido» em vez de «recém-nascido» e «eterna» em vez de «completa».

[2] *Rio com o repente de um riacho que encontra uma pedra* 181

[68A-6r] Ms. Verso remodelado do poema XXXIX do «Guardador de Rebanhos»: «Rio como um regato que soa fresco numa pedra.». Este verso foi ainda objecto de outras versões como «que faz crista numa pedra.» (68-7r).

[3] *Não tenho pressa: não a têm o sol e a lua.* 181

[68-13r] Ms. 20-06-1919. Estes três versos são o início abandonado de um poema que retoma no verso da folha, aproveitando as suas ideias principais mas reformulando-o. Z/M considera-o «poema variante», que não é, por se tratar apenas de um esboço abandonado, e IC dá-lhe existência autónoma no corpus dos «Inconjuntos». P/F considera estes três versos «uma versão mais breve», editada apenas em nota.

[4] *Tudo o que se sente directamente traz palavras novas.* 181

[68-3r] Ms. Na mesma página e situação do poema n.º 1, dele separado por um traço: verso solto, inserível num conjunto, como prova o «E» inicial com sinal de omissão possível.

[5] *O verde do céu azul antes do sol ir a nascer,* 181

[68-3v] Ms. No mesmo caso dos poemas anteriores. Z/M agregou-lhe os dois seguintes, que estão na mesma página mas separados por traços e devem ter, atendendo ao seu conteúdo, existências separadas.

[6] *As cores verdadeiras das coisas que os olhos veem –* 183

[68-3v] Ms. Na situação dos poemas precedentes. Ver nota anterior.

[7] *Contenta-me ver com os olhos* 183

[68-3v] Ms. Na situação dos poemas precedentes. Ver nota anterior.

[8] *Quem tem as flores não precisa de Deus.* 183

[67-38r] Ms.

[9] *Diferente de tudo como tudo.* 183

[48E-36v] Ms. Estes dois últimos «salvados», ambos atribuídos a Caeiro, foram dados à praia no meio de escritos vários: o primeiro, numa primeira versão de um poema de «O Guardador de Rebanhos» passada a limpo para o Caderno; o segundo, no verso de uma lista de poemas de Pessoa ortónimo a que foram acrescentados, nas margens e no verso, esboços de outros poemas ortónimos datados de 09-11-1924 e uma consideração sobre Eça e Fialho, «perenes adolescentes». Não figura, assim como o anterior, nem em Z/M nem em IC. P/F incluem o primeiro mas não o segundo.

POEMAS NA FRONTEIRA

CAEIRO ANTES DO NASCIMENTO DE CAMPOS

[1] *Como por cada gesto que ela faz a Realidade fica mais rica,* 189

[68-8^{r}] Ms. Publicado pela primeira vez por Z/M em «Poemas de atribuição incerta». Corresponde ao período entre Março e Junho de 1914 em que Caeiro existia sozinho como o poeta moderno, cultor do verso livre, «dado à luz» três meses antes de Campos. Nessa condição, Pessoa encarregou Caeiro de «Cinco Odes Futuristas», aqui designadas no início do poema «5 Odes». Depois de Junho, Pessoa redistribuiu os papéis, mandou Caeiro para o Ribatejo, apascentar os seus rebanhos de ideias, e passou a pasta destes poemas «futuristas» a Álvaro de Campos. Omiti a indicação inicial «5 Odes» e o título, de muito difícil leitura (como, aliás todo o poema). O de Z/M, «Casa a Casa», não me parece admissível. Sugiro «Cara a cara». IC não publica este poema.

[2] *Ah, os primeiros minutos nos cafés de novas cidades!* 191

[68-9^{r}] Ms. Poema precedido pela indicação «A.C. – 5 Odes», que indica pertencer à série anunciada «Cinco odes futuristas», primitivamente atribuídas a Caeiro e recuperadas por Campos depois do seu «nascimento». Não inserido nas edições de Z/M, de IC e de P/F, embora esteja na mesma situação do poema anterior. Primeira publicação: *Álvaro de Campos, Livro de Versos*, Edição crítica de Teresa Rita Lopes, Editorial Estampa, Lisboa, 1993.

[3] *Uma vontade física de comer o universo* 193

[71-25^{r}] Ms. A primitiva atribuição a A. Caeiro foi riscada e substituída posteriormente por A. Campos. Depois da primeira estrofe, Pessoa escreveu um traço divisório e começou outro poema, «Como quem olha o mar / Olho os que partem em viagem...», que irá continuar, pouco depois, noutra folha semelhante. Após esta nova estrofe (que articulei com a que vai escrever depois noutra folha), retomou o poema anterior, vincando a separação com um traço. Não inserido nas edições de Z/M, de IC e de P/F. Primeira publicação, mas sem esta articulação: *Álvaro de Campos, Livro de Versos*, Edição crítica de Teresa Rita Lopes, Editorial Estampa, Lisboa, 1993.

[4] *Como quem olha um mar* 195

[71- 25^{r} e 23^{r}] Ms. Num suporte semelhante (23^{r}) ao do poema anterior (25^{r}), uma folha picotada de bloco, Pessoa concluiu o poema iniciado em 71-25^{r}, escrevendo no alto da folha «2ª ode», referindo-se ao poema, das «5 Odes», iniciado em segundo lugar, depois do traço separador, quando este poema lhe ocorreu. O poema não foi integrado nas edições nem de Z/M, nem de IC, nem de P/F.

[5] *Ah, as horas indecisas em que a minha vida parece ter sido de um outro* 196

[71-23^{r}] Ms. No mesmo suporte da segunda parte do poema «Como quem olha um mar», dela separada por um traço firme, como referi na nota anterior, Pessoa inicia este poema com outro cenário, não já uma gare mas um «café cosmopolita». Não inserido nas edições de Z/M, de IC e de P/F.

[6] *Grandes estandartes de fumo das chaminés das fábricas* 197

[71-23^{r} e 24^{r}] No mesmo suporte do poema anterior, dele separado por um traço, Pessoa acrescentou o que parece ser o início de outro poema não concluído. Continuou o poema numa semelhante folha de bloco mas sem o concluir. Bastante mais tarde, a tinta (contrastando com o lápis com que foi escrito), atribuiu-o a «"Passagem das Horas" - parte II». Não inserido nas edições de Z/M, de IC e de P/F.

DURANTE A «DORMÊNCIA» DE CAMPOS

[7] *O conto antigo da Gata Borralheira,* 201

[65-55r] Ms. Sem atribuição. 12-04-1919. Apesar de Z/M, IC e P/F terem inserido este poema no *corpus* de Caeiro, atendendo a que Pessoa o menciona numa lista de poemas deste heterónimo (48-26r), considero-o na fronteira. Os versos finais, em que exalta a presença da ausência, não se adequam minimamente à atitude de Caeiro. Não ouvimos neles a sua voz. Essa pontual inclusão na lista deve-se, talvez, ao facto de Campos ter entrado em dormência um pouco antes, depois do suicídio de Sá-Carneiro e das euforias sensacionistas, só «ressuscitando» em 1923: Caeiro era então o único a assinar poemas em verso livre. Por isso, inseri este poema no *corpus* de Campos, nas minhas edições da sua poesia.

[8] *Duas horas e meia da madrugada. Acordo, e adormeço.* 202

[65-55v] Ms. Escrito no verso da página do poema anterior, aplica-se-lhe tudo o que foi dito na nota precedente. A descontinuidade dos parágrafos torna-o mais evidentemente atribuível a Campos, assim como a situação de insónia, que nunca ocorre na poesia de Caeiro.

EM DIÁLOGO COM CAMPOS

[9] *Medo da morte?* 205

[69-49v] Ms. Considerados «inéditos» por Z/M, este poema e o seguinte figuram no verso de um poema dactilografado de Campos, aparentemente em diálogo com ele. Ao lado destes dois apontamentos, igualmente manuscritos, um fragmento de três versos pertencente ao poema «A Partida» (de Campos), da primeira fase das «Odes», também sobre a maneira de afrontar a morte. São, por isso, estes «apontamentos» atribuíveis tanto a um Campos, nesta fase, às vezes discípulo de Caeiro na sua vontade de aceitar a morte (que sempre apavorou Pessoa e todos os seus «outros»), como a um Caeiro em diálogo com Campos. Dir-se-ia que o poema responde, no tom categórico de Caeiro, à pergunta de Campos no poema dactilografado no lado recto da folha: «Porque não afrontarei sorridente, inconsciente, a morte?»

[10] *Então os meus versos têm sentido e o universo não há-de ter sentido?* 206

[69-49v] Ms. Mesmas considerações que na nota anterior e mesmo optimismo característico de Caeiro.

ANEXOS

CAEIRO CITADO EM PROSA

[1] *ENTREVISTA COM ALBERTO CAEIRO*.. 217

[68A-de 8 a 10; 14^{3}-100^{r}; 68A-5^{r}] Ms. No primeiro fragmento, o artigo é destinado, com interrogação, à revista *Theatro*, especificando, no terceiro texto, «Entrevista / signed A.S. (possivelmente Alexander Search.)».

– Primeira publicação em Teresa Rita Lopes, *Pessoa por Conhecer*, Editorial Estampa, Lisboa,1990, vol. II, pp. 399 a 402.

[2] *Como ele me disse uma vez: «Só a prosa é que se emenda.»*.. 221

[68A-4^{r}] Ms.

CARTA DE RICARDO REIS A ALBERTO CAEIRO

[3] *Querido Mestre:*.. 225

[52A-17^{r} a 18^{r}] Ms. Este texto, publicado pela primeira vez em Teresa Rita Lopes, *Pessoa por Conhecer*, Editorial Estampa, Lisboa,1990, vol. II, pp. 403 a 404), é claro indício da interacção de Pessoa e seus «outros», não só em verso como em prosa: é uma peça de um verdadeiro «romance--drama em gente»!

PLANO DE PREFÁCIO E OUTROS PREFÁCIOS DE RICARDO REIS

[4] *Divisão:*.. 229

[21-9] Dact.

[5] *Pediram-me os parentes de Alberto Caeiro*... 230

[52A-37^{r} a 38^{v}] Ms. Sem atribuição. Este texto é mais um dos numerosos prefácios que Pessoa encarou reunir num opúsculo.

[6] *Os parentes de Alberto Caeiro,*... 232

[21-76 a 87] Ms. Sem atribuição.

ESQUEMAS DE OBRAS REALIZADAS OU A REALIZAR

[7] *Neo-Paganismo Português.*.. 238

[21-1] Dact.

[8] *O REGRESSO DOS DEUSES*... 239

[48C-28] Dact. Em Teresa Rita Lopes, *Pessoa por Conhecer*, Editorial Estampa, Lisboa,1990, vol. II, p. 390, sua primeira publicação.

[71A-2^{r}] Ms. Seguem-se, à esquematização do plano, várias notas, nomeadamente: sobre Caeiro, de Campos ou Reis: «Alberto Caeiro é um primitivo contemporâneo.»; de Campos sobre Caeiro: «A frescura de impressões, o modo directo de sentir[,] que aprendi nos seus versos, apliquei-o a outros assuntos, a uma Natureza de ordem diversa.».

[71A-2^{v}] Ms. Dei devido destaque a este texto em *Pessoa por Conhecer*, sua primeira publicação. Nas margens, um texto em prosa, aparentemente de A. de Campos, no mesmo momento de escrita do que foi citado na nota anterior.

ÍNDICE ALFABÉTICO DE TÍTULOS E INCIPIT DOS TEXTOS

ÍNDICE DE TEXTOS POR ORDEM DE APARECIMENTO

1ª Edição, Global Editora, São Paulo 2017

Jefferson L. Alves – diretor editorial
Jiro Takahashi – edição executiva
Luiz Maria Veiga – revisão
Eduardo Okuno – execução da capa
Mayara Freitas - diagramação
Homem de Melo & Troia Design – projeto de miolo e capa
(sobre manuscrito de Fernando Pessoa)

Obra atualizada conforme o
NOVO ACORDO ORTOGRÁFICO DA LÍNGUA PORTUGUESA.

CIP-BRASIL. CATALOGAÇÃO NA PUBLICAÇÃO
SINDICATO NACIONAL DOS EDITORES DE LIVROS, RJ

P567v
Pessoa, Fernando, 1888-1935.
Vida e obras de Alberto Caeiro / Fernando Pessoa ; coordenação Teresa Rita Lopes. – 1. ed. – São Paulo : Global, 2017.
il.

ISBN 978-85-260-2303-1

1. Poesia portuguesa. I. Lopes, Teresa Rita. II. Título.

17-39578 CDD: 869.1
CDU: 821.134.3-1

global editora e distribuidora ltda.
Rua Pirapitingui, 111 – Liberdade
CEP 01508-020 – São Paulo – SP
Tel.: (11) 3277-7999 – Fax: (11) 3277-8141
e-mail: global@globaleditora.com.br
www.globaleditora.com.br

Nº de Catálogo: **3840**